まえがき

　教育の分野で広く使われている「ガイダンス」という言葉は、学校教育の場で学生や生徒が能力や個性を十分に発揮できるように、生活や学習、進路などすべての面について指導することを意味していますが、各教科については受験等に関する指導が中心で将来の生活との係わりまで考えたガイダンスはほとんど行われていないのが現場の実態だと思います。私自身も54年間に及ぶ自分の教職生活を考えた時、1952年からの20代は毎日の授業をクリアするのが精一杯で授業のための教材研究に全力を投入し、ほとんど未開発に近い状態だった生理・生化学分野の実験の導入に没頭する生活を続けました。1962年、31歳で栃木県理科教育センターに異動してからの12年間も、現場の理科教育の指導技術や教材開発のための現職教育が仕事の総てでしたのでそれ以外の問題を考える余裕は全く有りませんでした。1974年に42歳で再び現場に戻ってからは、受験指導に重点を置いた授業研究が最大の目標になり、教える内容の研究に没頭する生活に追われ教科指導に関する多面的な**ガイダンス教育**までを考える余裕は全く無い状況の生活が続きました。

　しかし、生物教育学会・全国大会等で大自然を相手にした観察や研究を体験したり、マスコミで公害や環境汚染の問題が頻繁に取り上げられるようになってきた時、いずれも人類や地球全体の根幹に係わる重要な問題であることを痛感し、それらの諸問題に直接の係りを持つ生物教育では、その現状を生徒に理解させるために、将来を担う若者たちにどのような指導を行い教科に関する対処法を身に付けさせていかなければならないかを真剣に考えるようになりました。そして日常の授業でも上記の問題を常に現実の課題として捉え、生命現象の根幹に係わる諸問題や、この地球環境に最大の影響を及ぼしている生物の一種としての人類学、即ち「人間の生活と環境問題」など、常に「ヒト」をこの地球上に生きる生物の一種である

ことを念頭に置いた指導を心掛けるようにしてきました。

　ここではそのような考えに基づいて指導した実践事例を中心にして、さらに発展した問題までを含めて日頃考えていた事象をまとめてみましたが、実際の授業ではここまで教えたいと思っても時間の関係やレベル・内容の制限等があって現実にはそれが無理なケースが多い訳で、教師自身が、どのレベルで、どのような形で妥協点を見出し生徒に自主的に学習するきっかけや意欲を持たせることができるような授業が実践できるかが一番大きな課題だと思います。本書は、生徒を学問や探究の道に誘い込むためのガイドブックと言う意味で**ガイダンス教育**という言葉を用いましたが、一人でも多くの生徒が、自分の進むべき「道すじ」を見出すことができるような指導をしてくださる先生の誕生を期待して私なりの考えをまとめたものです。

　子弟が師の教えの真髄を理解し、それを己が信じる道として精進を重ねれば大願を成就することができることは松下村塾の例を挙げるまでもなく明白な事実であり、広い視野と確固たる信念を持った指導者が教えを説き、若者に「ガイダンス＝誘学への道しるべ」を与え、それが偉業に結び付いた事例は数多く語り継がれていると思います。現在の義務教育や高校教育制度の下でも、修業中の身である教師自身が、生徒と共に教育の真髄を学びながらそれを子弟に伝え、自分の将来や世の中の動きについて関心を持ち心を動かす生徒を一人でも多く育て上げることは人材育成の大切な仕事でありそこに真の教育が有るのではないかと思います。つまり教科に関するガイダンスで学びの道に誘い入れることができる生徒を一人でも多く育てることが真の教育の役割であり、その実現を目指して努力を続けることが教師の重要な使命だと考えられます。

　現在科学技術は目覚しい進歩を続け、そのために教科書の内容はもちろん、専門用語に到るまで改訂の度毎に次々と部分修正がなされ教育現場に混乱を招いていますが、それに対処するためには個人の枠を超えたグループ力、組織力に頼るしかなく、一部の地域で活発な活動を続けているプロ

ジェクトチームのような組織が各地に誕生して、情報を交換しながらネットワークを通して基盤を確立させていくことが当面の課題と言えるのではないでしょうか。

　いずれにしても、一部の生徒しか意欲を示せない状況下にある現在の生物教育を、できるだけ多くの生徒の学習意欲を増進させられるように変えていくためには「何をどうすればよいのか」と言う原点である**教科に関するガイダンス教育**から見直さねばならない時期が来ているのではないかと思う訳です。このように考えてくると、これは単にカリキュラムだけの問題ではなく、学校の教育力、教師の指導力、さらには地域社会や家庭の教育力を含めた教育界全体に係わる大問題で、当面は手の届きそうな身近な問題から改善の鉈を振るっていく以外に方策は無さそうに思われます。つまり、単なる学習のためや受験だけを考えれば現在の教科書内容を中心に指導すればそれだけで十分意味があるとは思いますが、一人でも多くの若者に地球の将来や人類の未来についてまで関心を持つ糸口を提供できるような生物教育を実施しなければならない時代が来ているように思われてなりません。本書ではそのような深遠な目標を奥に秘めて、まず「生物教育を通して生徒に何を伝えるのか」の観点から、できるだけ多くの生徒たちにこのような考えの糸口を与えてくださる生物教師が一人でも多く誕生することを念願して、生物教育の基盤である現実の教育内容から導き出される事象や、日頃考えている具体的内容や事例から**生物の実験・観察を含めた人間に関する諸問題**と**環境に関する問題**の二点に焦点を絞り、それを**ガイダンス教育**の立場でまとめてみたわけです。もちろんこの種の問題については多種多様な考え方が有ると思いますので、今回私としては、現場の先生方から多彩なご意見や方策が生まれて来ることを期待して一石を投じさせていただくことにしました。

　本書は、まず第1章「自然科学領域と生物教育」で学年当初の生物授業の導入段階1〜2時間をかけてぜひ扱って頂きたい指導項目として「自然科学とはどのような内容・領域を学ぶ学問か、そして自然科学領域全分野

とその中で扱われる生物領域の分野・内容の位置付けと相互関係及び、教科間（理科）の関連性」の問題を取り上げ、自然科学領域の中で生物界がいかに重要な位置付けに有る分野かを認識させる指導事例を示してみました。ここでは特に「物質と生命の境界」や「生物と無生物に関する問題」を重視して「生物＝生命を持つもの」との認識を定着させることに努め、始めて本格的な「理科（生物）」という教科を学ぶ生徒にとって生物が営む「生命現象」とはいかに重要な現象であるかを認識させる指導が最大の目標になると思います。また集団レベルでの「生態学」の位置付けについては、いまや生態学から始まる「地球環境保全」の問題は私たち一人ひとりや地域、社会に課せられた課題としてだけではなく、人類生存のための最重要課題としてグローバルな立場で対処しなければならない時代になっていますので、第4章「環境問題」の内容を考慮してその重要性を含めた導入をお願いできればと思っています。

　第2章では、普段の授業で普通に扱われている何気ない実験や観察の中に出てくる「走性の正・負の問題」、生物が生活するための「最適温度」等は、生物が生命維持のために行なっている生物特有の必要且つ不可欠な自然現象であることを認識させることに重要な意味があると思います。また「きのこの育ち方」については、生物は快適な環境と過酷な環境をクリアしないと十分な生活、つまり種族維持は不可能であることを認識させるのに最適の素材と言えるのではないでしょうか。「植物の成長」では茎や葉の部分的な成長を通して「真の成長とはどのようなことか」を考えさせる実験として、それぞれ生命現象と結びついた生命維持の根幹に係わるポイントや問題を含む重要な内容であることを認識させることが大切だと思います。ここで記した事例は、いずれも生命現象の根幹に結び付く現象ですので、授業でも一言その点にまで触れていただければと思っています。

　第3章では人類誕生の歴史から始まり、誕生以来、今も進化の途上に在る人類は将来どうなるのかについて触れ、次いで人類最大の特徴である「大脳と知能」の問題を取り上げ、「天才」から「大脳とコンピューター」の

関係までを考えてみることにしました。そして「ヒトの日常生活との関係」から派生する人間の特徴や、その発展的問題として「知能・健康・寿命」について考え「人類とはいかに特異な生物か」を認識させ、その健康維持には日常生活でどんな注意が必要か等についても触れてみました。

第4章では、まず「環境問題」の概要と現在考えられている環境問題の課題に触れ、森林を中心とした自然環境の効能について考察し、さらに身近に有って直接観察できる自然生態系の宝庫の事例として「日光国立公園の植物相」を取り上げてみました。次いで、人間の生活と切り離すことができない「水」について、昭和30年代までは清水が流れていた小川や河川が、昭和40年代からの高度成長によって急激に汚染され、水質汚染が大きな社会問題として急激に浮上した点に触れ、特に地下水や生活排水に関する課題とその対策を重点的に論じてみました。ここで取り上げた諸問題は私たち誰もが大切な役割を担っている課題ばかりですので、日常の授業で折に触れてその実状を紹介するなど、生徒に地球環境維持の重要性を認識させる指導を心掛けなければならない時代が来ていることを伝えることがポイントになります。

以上、54年間教壇に立ち続けた一生物教師がこれからの生物教育の目標として痛感させられた課題を思いつくままにまとめた私なりの「生物教育のガイダンス Book」です。本の題目を**生物と人間の生活**と**環境問題**の2領域に焦点を絞ったため、まとまりの無い冊子になってしまいましたが、生物や理科関係の先生ばかりでなく、**ガイダンス教育**の立場から一人でも多くの方々に目を通していただければと思っています。尚余談になりますが、どんな立派な教育論を掲げてもそれを実行するのは教師自身であり、生徒から信頼されている教師が実践することによってはじめて実現できる課題だと思いますので、その意味でも5年先、10年先の近い将来学校の教育力向上の鍵を握り、教育現場の中核として活躍する若手の先生方や新採の先生方はぜひ、一読してくださるよう強く希望致します。

未来へ

目　　次

まえがき ……………………………… 1

第1章　自然科学領域と生物教育

はじめに　……………………… 10
1　「物質」と「生命」……………… 11
2　「生物」そして「細胞」へ …… 12

3　「生態学」で宇宙への架け橋を
　　……………………………… 13
4　「生物教育」へのガイダンス … 14

第2章　探究を通しての生物教育

はじめに ……………………… 20
1　「走性」に学ぶ
　　生物の特色と教育理念 ……… 21
2　「最適温度」を考える ……… 23
3　栽培キノコ（カンタケ）から学ぶ
　　「子育て」の理論
　　－生物の生育と環境条件 …… 26
4　「幼葉鞘（子葉鞘）」とは何か　29

5　「クシクラゲ」は
　　いつ模細工化するのか……… 31
6　真の「成長」とは
　　どのようなことか……………… 33
7　field でぜひ
　　〈「つくし」誰の子〉を ………… 36
8　国際理解教育に
　　「生物教育」も参加しよう …… 38

第3章　人体（からだ）のサイエンス「人間—この不思議な生き物」

はじめに ……………………… 44
1　人類の「歴史」と「特徴」
　　（ヒトは今も昔と同じく進化の
　　　途上にある）………………… 45
2　直立歩行（二足歩行）の功罪及び
　　「サル」と「ヒト」を分けたもの … 48
3　人類の将来 …………………… 51
4　人類の誕生；

　　「ルーシー（350万年前の類人女性）」
　　と人間になるための条件 …… 53
5　大脳・知能を考える ………… 55
　　（1）脳のつくりと発育 ……… 55
　　（2）前頭葉を鍛えよう
　　　　（リーダー養成のポイント）… 57
　　（3）知能の優劣及び記憶のメカニズム… 59
6　天才を考える ………………… 62

7

|　　　（1）天才の特徴と共通点及び存在意義… 62
|　　　（2）天才の事例 ………… 63
7　大脳 vs コンピューター ………… 65
|　　　（1）大脳について ……………… 65
|　　　（2）コンピューターについて …… 66

8　健康を考える ……………… 67
|　　　（1）健康な生活を送るためには　67
|　　　（2）健康の大敵＝肥満・ストレス … 68
|　　　（3）快楽の感覚と覚せい剤の恐ろしさ… 76
|　　　（4）ヒトの日常生活と健康との関係… 79

第4章　環境問題を考える

はじめに ………………… 82
1　環境教育の課題 ……………… 84
|　　　（1）環境教育誕生の背景 ……… 84
|　　　（2）環境教育の現状と課題 …… 85
2　環境にかかわる諸問題………… 89
|　　　（1）自然環境の実態 ………… 89
|　　　（2）環境教育へのガイダンス … 89
3　森林環境の効能 ……………… 90
|　　　（1）涼しい森 ……………… 90
|　　　（2）静かな森 ……………… 92
|　　　（3）地球温暖化の課題 ……… 93
4　雄大な大自然の場で
　　生態学を学んでみよう
　　＝「奥日光・植物生態系」の探索
　　　…………………… 94
|　　　（1）「低山帯植物相」
　　　　　観察のポイント ……… 97
|　　　（2）「植物群落変遷」の
　　　　　実態と観察 ……… 98
|　　　（3）「低山帯」から「亜高山帯」へ　100
|　　　（4）「日光」を代表する
　　　　　「花と樹木」 ……… 101
|　　　（5）植物群落遷移史の観察 … 104
5　水を考える ……………… 105

|　　　（1）昭和30年代までの河川　105
|　　　（2）水質汚染問題の浮上 …… 106
|　　　（3）水は「命の泉」………… 107
6　地下水を守ろう ……… 108
|　　　（1）家庭・地域社会の役割 … 108
|　　　（2）生活排水をより減らすことは
　　　　　できないのだろうか …… 109
|　　　（3）節水の具体的方策 ……… 110
7　屎尿処理の実態と課題 … 112
|　　　（1）塩素消毒の功罪 ……… 112
|　　　（2）「トリハロメタン」と
　　　　　その処置 ……… 113
|　　　（3）水質汚染の現状と課題 … 114
8　河川での「肉眼的小動物による汚
　　染度調査」の実践；
　　〈Beck－Tsuda法による生物指数
　　（Biotic Index）の測定〉…… 116
|　　　（1）ねらい ……………… 116
|　　　（2）準備と方法 ……………… 117
|　　　（3）指標生物の分類 ……… 119
|　　　（4）結果と考察、
　　　　　及び問題点の検討 ……… 122
9　課題山積の環境問題 ……… 123

あとがき ……………… 125

第1章　自然科学領域と生物教育

はじめに

「生物」を教えるに当たってどうしても触れておかねばならないことは、**自然科学（理科）**とはどのようなことを学ぶ学問か、そして「生物」はその中でどのような位置を占めているかという全体像を明示しておくことだと思います。そのために私は現職の時、自然科学領域全体をパノラマ式にまとめたプリント図（別紙 p.16）を配布し、学年当初の導入段階の授業で１～２時間 をかけ**自然科学領域**の全分野を眺めて物理、化学、生物、地学がそれぞれどのような分野や内容を占めているのか、そしてその中で扱われる生物領域の分野・内容の位置付けと相互関係及び、教科間の関連性について概要を説明し、学際的区分とそれぞれの特徴や重要性についての指導を行なって来ましたが、これこそ**自然科学教育のガイダンス**そのものであり生徒に生物についての興味・関心を持たせるのに絶大な効果が有ったと思っています。

つまりこの指導を行なうことによって、自然科学全域の中で、生物界がいかに重要な位置付けを占めるかを認識させると同時に、特に**物質と生命の境界**や**生物と無生物の問題**及び「ウイルス」を重視して取り上げて指導すれば、「生物＝生命を持つもの」の認識を定着させることができる点で非常に有効適切な指導内容であり、はじめて本格的な「理科」と言う教科を学ぶ生徒にとっては、必ず以後に履修する生物が営むさまざまな生命現象の認識に大きなプラスの影響を及ぼすことになると思います。また、集団レベルの位置付けについては、いまや「生態学」から始まる地球の自然環境に関する諸問題は、私たち一人ひとりや地域社会に課せられた課題だけではなく、人類生存のための重要課題としてグローバルな立場で対処しなければならない大問題になっている訳で、生物学を学ぶ上でそれだけの認識を植え付けておくことは非常に意味のあることだと思います。

以上**自然科学**を学習するに当たっては、どの科目を学ぶ場合でも導入の

段階で**自然科学全領域と各教科目との関連性**を把握させておくことが非常に重要な課題になるのではないかと思います。そして「生物」を学習する場合には

① 高分子化合物及び、高分子化合物とウイルスとの境界
② 原核生物と真核生物及び、生命の起源の問題
③ 生物集団と地球との関係

以上の三点が最重要ポイントになりますので、担当される先生方はぜひ高校段階の最初の授業で、上述のような主旨、内容の解説に基づいて以下に述べるような諸問題について近い将来の日本を担う若者たちと一緒に考えながら**自然科学**と言う学問領域の全体構成と自然界の成り立ち、そしてその中でのこれから学習する「生物学」の位置付けの概要を認識させる指導をお願いしたいと思います。

1 「物質」と「生命」

実際の指導に当たっては、まず①と②の問題の最大のポイントは「物質と生命＝無生物と生物の境界」について考えさせることです。1930 〜 40年代にアメリカの天才化学者・カローザスが開発した人工ゴムやナイロンの発見によって合成高分子化合物時代の幕が開けました。以来「ポリ塩化ビニール」「プラスチック」「ナイロン系」等の人工高分子化合物が続々と合成されて人類の生活に大きな影響を及ぼすようになり、以来現代はまさに高分子化合物時代とも言われるまでになってしまいましたが、もともと自然界に存在する天然の高分子化合物とはタンパク質、炭水化物、脂質のように生物が作り出した有機化合物によるものが主体で、それらの物質は生物体そのものを構成するだけでなくエネルギー源にもなって生命を支え、自然界の物質循環の中核として生態系を維持してきたことは周知の事実だと思います。今日ではそれに「核酸」が加わった四種類の高分子化合物が生物界を支え、生命維持の重責を担い続けています。このことは生徒も既

に履修済みですから、その基本事項については簡単に触れる程度で十分かもしれませんが、今や人類の生活に不可欠となった上述のナイロン、ビニール系人工合成高分子化合物による多様な製品が、自然界の物質循環のサイクルに入れず地球環境汚染に深刻な問題を投げかけている事実は必ず触れておかなければならない重要な問題だと思います。

2 「生物」そして「細胞」へ

さてこの段階での最重要事項は、あくまでも冒頭で述べた「物質から生命が誕生した謎」を生徒と共に探索することでしょう。生物とその生命維持に直接係わりの有る核酸を中心としたタンパク質、炭水化物、脂質の四種類の高分子化合物は、分子の大きさが 0.5 〜 2nm でそれぞれ独特のユニークな形を持つことも明らかにされており、いずれも生物にとっても生態系にとっても重要な物質で、生物界（生命をもつもの）そのものを直接支える大黒柱的存在の物質であることは既に生徒もよく承知している事柄だと思います。しかしここでの最重要ポイントは、これらの物質が「生命と係わりがある」と言うだけでそれらはあくまでも「物質」のレベルに位置するものであって「生物」では無いという事実を理解させ納得させることにあります。では**生物（生命）と無生物（物質）**とはどこがどう違うのか？　私たちは何をもって両者を区別しているのでしょうか？

そこには　1．子孫を残す（種族維持）　2．物質代謝を行うことができる。の2つの条件が有ると言われています。上記4物質は　1、2の素材にはなっていてもそれを遂行する機能は持ち合わせていませんので、その意味では明らかに「生物」ではなく「無生物レベルの物質」と言わざるを得ません。では最も原始的な「生物」として扱われ、人類の生活を脅かし続けている「ウイルス」とはどのような生物なのでしょうか、タバコモザイクウイルス（TMV）の研究・発見の歴史が物語るように、ウイルスの仲間は二種類の核酸のうち DNA か RNA のどちらか一方だけしか持た

ず、その体が一種類の核酸＋タンパク質で構成されているのが最大の特徴で、いわゆる「DNA ウイルス」と「RNA ウイルス」のどちらかに区分されている生物です。そしてこの両者に共通する生活法は、生物体内に入れば不足していた方の核酸を宿主から補足すると言う巧みな手法で「種族維持」「物質交代」という生命体としての基本生活を確立させ、立派な「生物」として存在していると言う事実です。しかし宿主から一歩外に出されれば「種族維持」という生命体として不可欠の機能（特徴）を失い、核酸とタンパク質だけの物質の塊になってしまう。つまり生物体に入れば生物に、出されれば物質にというように、生物と無生物の境界をまたにかけて巧みに生き続けている誠に不思議な生物なのです。

　では現在生命科学の分野では、このもっとも原始的と思われるウイルスが生物の共通の先祖と考えられているのでしょうか。答えはNOで、やはり生物の先祖は「細菌類」のような「原核生物」で、それが一方では「真核生物である単細胞生物から多細胞生物へ」と進化し、他方では核酸とタンパク質のみで生き残った「ウイルス」のような退化したグループへと分かれていったのであろうと言うのが現在の一般的な考え方になっています。

　このように各高分子化合物の構成や分子の大きさ等の特徴を取上げて、外見や大きさがほとんど変わりのないウイルス、ファージや細菌類と比較し、研究・発展の科学史的事例を交えながら原核生物である細菌類から真核生物の原生生物などの単細胞生物への進化、そして多細胞生物の細胞・組織・器官から個体生物学へと話を進め、分子生物学で始まるミクロの世界での生命誕生から個体生物学までの流れを導入の段階で説明しておくことは、以後の学習のために大変意味の有ることだと思われます。

3　「生態学」で宇宙への架け橋を

　次に③の「生態」を中心とした内容では、中学までの段階で個体レベルの生物学を主な対象にして学習してきた生徒に対して、自然界では大半の

生物は単独で生活しているわけではなく、群体や群衆と呼ばれる集団体制で生活していることに気付かせ、生態系と環境との関係をグローバルな立場で取上げると同時に、大気汚染や宇宙開発問題までを含めた各自然科学領域の研究成果の現状と生物教育との関係を論じ合えば、必ず以後の学習に役立つものと思います。

ただ、現在生物教育で扱っている「集団レベル」の内容は、フィールドなどでの現場指導には多くの制約があります。したがって、どうしても屋内や映像による授業が中心になるばかりでなく、環境汚染等の社会的問題まで踏み込む場合もいろいろ難しい状況が有りますので、実習中心の現場指導を必要とする教育上大変重要な単元であるにも係わらず、残念ながらマイナー的扱いからなかなか抜け出せないのが実状のようです。しかし今日、環境問題の重要性は増すばかりであり、今や放射能問題までを含めて宇宙規模で論じられる時代になって来ていますので、生物教育の立場でもその要望に応えられる生徒を一人でも多く育てる教育を心掛けなければならない訳で、導入段階で生物教育の明確な目標を掲示しておくことが大変重要な指導方式ではないかと考えています。

4 「生物教育」へのガイダンス

以上、生物領域についてミクロの世界からマクロの世界へと、順次解説を進めていけば、必ず生物学への興味・関心を持つ生徒が育つようになるものと確信いたします。高等学校ではじめて生物学を履修する生徒に対して「自然科学とはどのような内容・領域を学ぶ学問なのか」についてまずその全分野の概要を説明し、素粒子から始まり原子・分子レベルの領域を主な対象として扱う**物理学**、原子・分子から始まり無機化合物、有機化合物から高分子化合物へと無生物の領域全般を主な対象として扱う**化学**、高分子化合物に始まりウイルス、細菌、細胞、組織・器官から個体へと繋がり集団から生態・環境問題にまで発展する広い領域を対象として扱う**生物**

第 1 章　自然科学領域と生物教育

学、環境から地球、さらに宇宙へと繋がる広大な領域を主な対象として扱う**地学**と大きく 4 領域に区分けされていること、そしてそれぞれの分野の位置付けを明確に理解させておくことは自然科学を学習するうえで非常に重要な事柄だと思われます。いずれにしてもここに記した事例のように、これから学習する教科内容のガイドラインを最初の導入段階で明示し、「自然科学」とはいかに広大な、そして人類の生活と密着した分野と内容を占める重要な学問であるかをしっかりと認識させておくことは、大変有効なそして若者の育成に不可欠な指導方策であり最高の「ガイダンス教育」だと思いますのでぜひ実行していただければと思っています。

　なお、ここでは高等学校ではじめて**生物**を学習する生徒に対する導入法の事例について述べましたが、自然科学を扱う理科教育は物理、化学、生物、地学の四科目に分けられていて、それぞれの科目で独自の導入法や指導法があるわけですから、各領域での具体的な指導内容や指導方策については、p.16、17 の図を利用して各分野の専門の方々がそれぞれの立場で研究・開発して実践していただければと思っています。

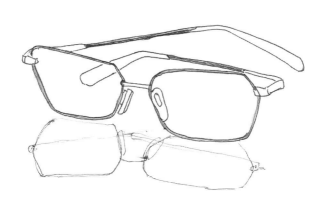

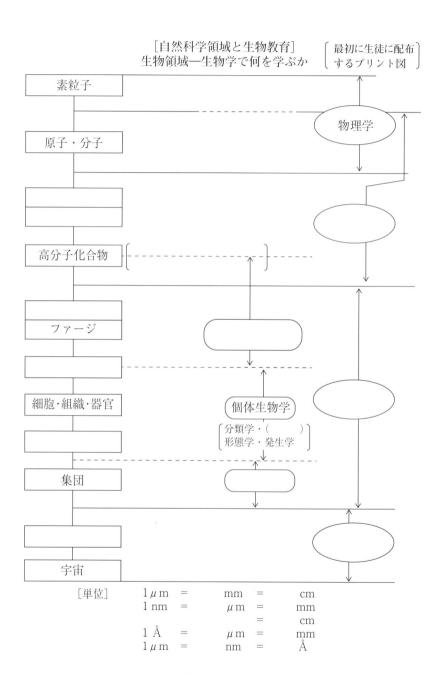

第 1 章　自然科学領域と生物教育

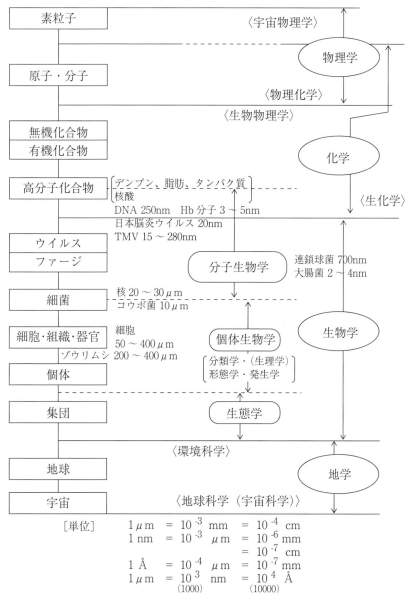

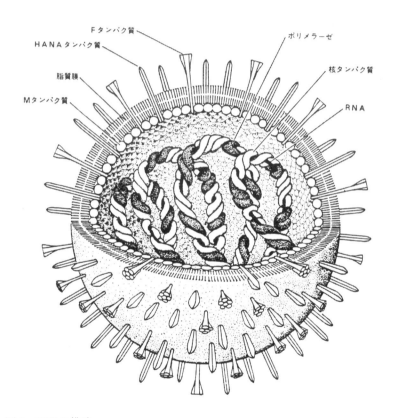

図1　HVJ の構造
HVJ は 1950 年代初めに日本でマウスから分離されたウイルスである。ハシカやおたふくかぜのウイルスと同じパラインフルエンザ群に属している。直径 150〜600 ナノメートルの粒子で、内部にマイナス鎖 RNA がらせん状に入っている。脂質二重膜の表面にはとげ状のスパイクと呼ばれるタンパク質が存在する。スパイクの HANA タンパク質はウイルスが細胞と結合するときに作用し、F タンパク質は細胞膜とウイルス膜の融合時にはたらく。イラストは立石雅夫画。

第2章　探究を通しての生物教育

はじめに

「桁間を読む」という読書法は凡人が目標とする高度の技法の一つですが、永年にわたって同一教科を教え続けていると不思議なことに教科書の桁間や裏まで見えてきて、教える内容から教えられる事象が生まれ、教科を越えた新たな興味を駆り立てられるようになるものです。そして授業で教えながら「何故このようなことが起こるのだろうか」などと考えてしまい「ここは未だ解っていないんだよ」とか「誰か挑戦してみる人は出てこないか」など余計なことまで口走ってしまうことが多くなってしまいます。しかしそれらの内容は生命現象の根幹に繋がる深遠な問題が多く、私はまず自分で納得のいくまで調べてすぐ解決できるものは解決し、できないものはそれなりの手法で対処する方策を長年にわたって講じてきました。以来教職経験を重ねるにつれて疑問、難問の数は増え続けていますが、それを一つ一つ解決していく楽しみもまた増え続け、今でも私にとって大切なライフワークの一つになっています。そして今考えると「本書の原点」である**生物教育のガイダンス**は総てそこから出発したものだと思っています。

　現在科学技術は目覚しい進歩・発展を続け、特に医学、生物学の分野ではホットな研究や発見が紹介されない日がないくらいの状況下にありますので、わずか 400 頁前後の教科書の記載内容は「生命」という巨大な氷山の一角をコンデンスしたものにすぎず、その桁間には専門家ですら知り得ない事象が山積していると見てよいと思います。そのために教科書の内容はもちろん、専門用語に至るまで改訂の度毎に部分修正や変更がなされ現場に混乱を招いていますが、専門の研究者には高校教育の歪を是正するまでのゆとりはなく、現場教師は雑務に追われて補正する余裕がないとすると、真の意味での基本的教材の確立は個人の枠を越えたグループ力、組織力に頼るしかなく、冒頭でも述べたように、活発な活動を続けているプロジェクトチームが各地で誕生し、情報を交換しながら地盤を確立させてい

くのが当面の課題ではないかと思われます。

　そして同時に全国どこの地域でも、毎年新しい学問を修めた優秀な人材が新任教師として採用されているので高い専門性を持った気鋭の教師が大勢いるはずであり、その能力とエネルギーを教育力の向上と生物教育改善の動きに少しでも役立てていただくためには、できるだけ多くの教師が力を出し合い、プラスα的指導内容について研究し合い**生物ガイダンス教育**の幅を広げていくことが必要だと思います。そのような意味を含めてこの章では、一見本書の題名とは直接関係のない日常の授業で実施している実験中心の指導例8項目を挙げて問題提起をさせていただきましたが、「人間のサイエンスへの導入」という意味で、ヒトを含めて総ての生物の生命現象には一脈相通じるものが有ることを生徒に理解させ、「命の尊さ」を伝えていただければと思っています。「扉は誰でも開けることはできる。しかし手をかける人がいなければ開くことはできない」のたとえのように、私も微力ながら扉を開く一人になれるようにこれからも努力を続けていきたいと思っていますので、一人でも多くの方にご賛同いただきご協力得られることを期待しています。

1　「走性」に学ぶ生物の特色と教育理念

　刺激に対して体を移動させて反応する行動を**走性**と呼び、動物界の最も基本的行動に位置付け、刺激の種類によって走性の種類もいくつかに区分されています。夜、昆虫が外灯に集るのは「正」の走光性、ワラジムシが光と反対側に移動するのは「負」の走光性、魚が岩陰に隠れる行動、プラナリアがレバーの周りに集る行動等々すべて「走〇性」と言う用語で説明されています。動物の世界で不特定多数の行動が説明できる**走性**という言葉は誠に便利でトランプの切り札的存在ですが、私はオールマイティーの用語であるだけにその判定を ＋（プラスまたは正）、ー（マイナスまたは負）という対照的な二つのわくに区分してしまうことに大きな抵抗を感

じながら授業で扱ってきました。元来生物は Yes、No の二者択一に区分できない点が大きな特色でありそこが無生物と根本的に違う世界だと言われています。そしてむしろ Yes でもない No でもない中間型が主流となって生活や集団や社会が成り立っている場合が多いのではないでしょうか。先日ある医科大学の教授が「最近高等学校で生物を履修しないで入学してくる生徒が増えているが、何故かものの考え方が二者択一的で、ヒトの命を預かる医者を養成する立場としては大変心配である」と語っていましたが、高校で生物を履修するか否かでそのヒトの倫理観まで影響を受けるものかと大変驚かされた記憶があります。事実マイマイ（カタツムリ）の走地性（負の走地性の代表として扱われている）を調べる傾斜面を使った実験でも、必ず2～3割の固体は上にも昇らず下にも降りず中央部の原線付近をうろつき回るだけだし、ゾウリムシの走化性の実験でもはっきりした反応を示さない個体が少なからず認められ、それらの個体はそのまま時間をかけ続けても結果はほとんど変わりありません。つまり「走性」という単純な行動だけを見ても、①すぐ反応する　②遅れて反応する　③かなり遅れて反応する　④　反対の反応をする　⑤全く反応しないの五つのタイプに分けられるようです。

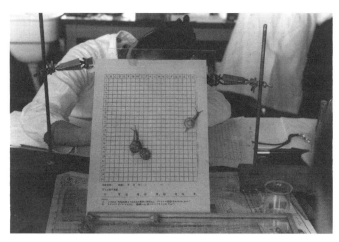

写真1
マイマイを用いた
走地性の実験

第2章　探究を通しての生物教育

　ヒトの生命を預かる医学の分野では生と死を単純に区別できないことは明白な論理ですが、教育の分野でも生徒を　＋・－の両極端に分けることは絶対に不可能なことです。能力の有る生徒、無い生徒（不振者）、良い生徒、悪い生徒（不良者）、偏差値60の生徒、40の生徒等々、教育の世界では避けなければならない言葉がさほどの抵抗も無く日常使われていることに私は非常な悔しさと憤りを感じさせられています。国立大学協会の医学教育特別委員会が以前「生物の復権」の見出しで「医・歯学部の入試に生物を必修とする」という方針を打ち出したことが新聞で報じられていましたが、生物学は最も身近な学問であり、どんな生物の行動でもさまざまな要素が作用し合って全体として一つのまとまった動きを示す訳ですから、その真実を学ぶことは科学する心を身につけるために重要な事柄であることは言うまでもありません。私たちは走性に基づく小動物の各種行動からも、ヒトを含めた生命を持つものの特質をしっかりと把握し、素直に学びとる姿勢を持つようにしなければならないと思いますので、実験の結果をまとめ考察する時「2割前後の固体のとる自由な行動について」どう考えるかを生徒に問い掛けることも重要な指導内容になるのではないでしょうか。つまり「平均的集団が有るから一部のエリートが誕生し落ちこぼれも生じる」しかしそれはそれぞれの分野や項目についての問題であり、個々の人間の持つ総合的能力はそんな単純に比較し区分できるものではなく、この実験結果が示すような**生命を持つ生物集団の特徴こそ人間社会の縮図**そのものであることをしっかり認識させる「生物のガイダンス的教育指導」が必要ではないかと思います。

2　「最適温度」を考える

「酵素は何度の温度で一番活発に反応するのか」酵素分野の授業で必ず扱う問題です。酵素は種類が多く資料も入手し易いし比較的鮮明な結果が得られるので、生物指導の中では最も普及した実験の一つと言っても良い項

目・内容です。実施に際しては温度条件やpH条件を制御して比較定性的か定量的に扱い、基質や酵素の濃度を変化させるなどいろいろな角度や方法で探求する内容のものが多数紹介されています。私も授業で数多くの実験を体験してきましたが、それらの結果をまとめる時に何時も迷うことは**最適温度**の**最適**と言う用語の解釈です。今「TTC法（トリフェニル・テトラゾリウムクロライド）によるコハク酸脱水素酵素の働きと温度との関係」の実験を例にとると、20℃から60℃までの各温度段階にセットした試験管内で10分間反応させた後、各試験管内の反応液を最も淡い色の反応液と同じ高さになるまで水で希釈し、各液面の高さを酵素活性の尺度としてグラフにまとめると、活性の最大値は45～50℃の範囲にあり、教科書等に記載されている35～40℃の数値とは明らかにずれが生じることがわかります。

　この分野の定量実験指導の経験の有る方ならばご存知と思いますが、これは酵素の種類や実験方法の違いなどとは関係なく反応速度のピークは例外なく40～50℃の範囲を占めるデータが得られるはずです。したがってデータを忠実に解釈すれば、反応速度が最大値を示す40～50℃の温

写真2
ツンベルク管法によるコハク酸脱水素酵素の実験（温度と反応速度の関係）

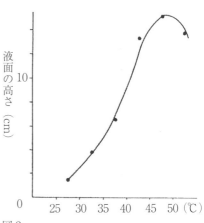

図2
コハク酸脱水素酵素のはたらきと温度との関係測定例

度範囲を最適温度と捉えるのが妥当であろうと考えてしまいます。しかしこの問題に関する各社教科書の記述内容を見ると「反応に最も適した温度」「最もよく働く温度範囲」「最も活発な反応が行われる温度条件」等、35〜40℃よりも1ランク高い温度範囲を暗示するかのような表現が多く、そこに事実とのギャップを感じて説明に窮するわけです。結局私は、これを「最高温度」と言わずに「最適温度」と断っていることは、生活活動の主役である酵素が生命現象を営むうえで「余力を残した状態で最大反応速度に近い状態を維持する理想的な温度範囲」を指すものであり**生命維持に最適な温度**と言う意味に解釈して説明するようにしてきました。したがって「恒温動物の体温と一致する温度」「最も働き易い温度」等と表現している教科書に出会うとある程度納得できますが、生物を学習するうえでの重要な理念に係わる用語なので、数値のずれに関する表現についてよりきめの細かい配慮が必要ではないかと思われます。つまりこの実験を実施しまとめる時には「最高温度」と「最適温度」の表現の違いについて必ず生徒に問いかけ、自分の人生と照らし合わせてその意味を考えさせることが重要な教育課題だと思っています。

　生命活動の基盤である生体内化学反応の主役・酵素が、何時も全力（最高温度）で働いているのではなく常に75〜85％前後の力（最適温度）で余力を残して働いていると言う事実は、ヒトの生きざまはもとより教育のあり方にも通じる鉄則ではないかと思います。つまり之こそ健全な生命を維持し得る秘訣であり、本番で最高のパワーが発揮できる原動力にもなっている訳で、過重な負担、過密なスケジュールに追われ続けて本番で失速する生徒が増え続けている現状を見るにつけ「真のゆとり教育とは何か」を本音で検討し合わなければならない時期が来ていることを痛感させられると同時に、この**酵素の最適温度を調べる実験**は、そのような現実の社会事象にブレーキをかけ得る最適の教材ではないかと思われます。つまりこの酵素の働き方こそ、20世紀のダービー型教育から脱皮した21世紀の「ゆとりの有る教育像」を模索するプロジェクトチームが現場教師の間

から次々と誕生し生物教育の変革を期待させる「ガイダンス教育」の素材として最適のモデルと言えるのではないでしょうか。

3 栽培キノコ（カンタケ）から学ぶ「子育て」の理論 －生物の生育と環境条件

　現職の頃十数年にわたって栽培キノコの教材化に取組んできましたが、この仲間の不思議な生活環は現在でも解らないことばかりです。基本的な栽培法に従えば　①培養基の準備　②タネ菌の接種（植付け）　③菌塊の成熟　④発じん　⑤子実体（キノコ）の生育の５段階を経過して栽培から収穫までの全過程が完了しますが、どの段階でも栽培者の細かい気配りを必要とする繊細で興味の尽きない栽培植物であり、①～②の段階では雑菌の混入に注意さえすれば問題は無いが③以降は以下に述べるように栽培者の細かい気配りが必要になってきます。つまり、まず恒温（28 ～ 32 ℃）・多湿という理想的環境条件下で約４週間ほぼ成熟段階に入るまで菌糸の成長を続けさせ、次いで菌糸が充分に発育したこの菌塊を低湿度という最悪の条件下に放置し完熟期を迎える段階まで辿り着かせなければなりません。

　つまり恵まれた環境で順調な発育を遂げた菌糸は、対照的な悪条件下でいじめられることによってはじめて目覚め、子孫（子実体＝キノコ）を作ると言う生物本来の能力を発揮するようになることを示しているわけです。言うまでも無く菌類は大変強い生命力を持つ仲間であり、環境条件が良ければ限りなく成長を続けますが、例え人為的にでも環境条件が悪くなると、途端に有性生殖に当たる**発じん（子実体形成）**という手段で子孫を残す方策を講じるという誠にたくましい植物ですから、実際には 14 ～ 16 ℃の低温条件を与えるだけで３～４日後に発じんを始め、一旦米粒のような小さな子実体を多数造るので、再びその菌塊に適温、適湿、適度の光量及び通気性を与えてやれば、約２週間で立派な**子実体（キノコ）**を形成することになるわけです。

26

第2章　探究を通しての生物教育

　以上を総合するとこの栽培キノコ「カンタケ」は、初期には快適な環境条件を与えて十分に菌糸を発育させ、次いで厳しい環境条件に晒して発じんを促がし、その後は再び理想的な環境条件に戻して**子実体（キノコ）**を完全に成熟させるという三段階の処理を施さないと期待する成果は得られないと言うことになります。

　つまり栽培者の立場から言えば、常に相手の立場を考えながらそれぞれの状況に応じて優しく接し続ける気配りが必要なこと、しかしかまい過ぎないで適度に飴と鞭を使い分ける厳しさが必要なことを示唆しており、**植物の生育と環境条件との関係を調べる教材**としてばかりでなく「ミニ教育・ミニ人生」そのものの模範的事例を示す典型的なモデル実験として抜群の素材と言えるのではないでしょうか。言いかえればその実験過程は、教師が生徒と接する姿勢や、親が子供を育てる姿勢と共通する典型的な事例であることを認識して、【「健全な子育てや教育」とはどう有るべきか】を意識しながら小、中、高等学校のクラブ活動等で広く活用すれば、**生物ガイダンス教育の素材**として最高の教材になるのではないかと思います。

写真3　ヒラタケのビン栽培

写真4　口径の異なる培養基における菌糸の成育状態の比較

写真5　小ブロック栽培用培地研究用に100mlビーカーに均一な培地を作成して比較実験に使用した

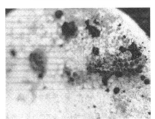
写真6　発じんを始めた状態
　　　（黒い粒状の集落が見られる）

写真7　見事に成育したヒラタケ

写真8　ヒラタケの異形。
　　　　発じん後、酸素が足りないと柄
　　　　が長くなり、傘が小さくなる

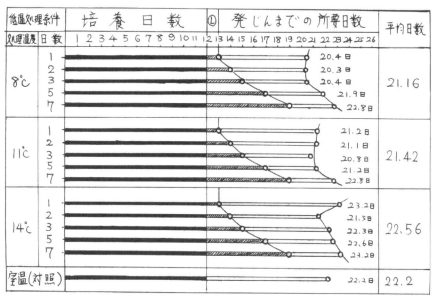

図3　低温処理日数と発じんまでの所要日数との関係、実験例
　　　（小ブロック栽培法による）

4 「幼葉鞘（子葉鞘）」とは何か

「植物ホルモン」の分野で、マカラスムギの子葉鞘を用いた屈性の研究は必ず取り扱われている有名な教材として紹介されています。今、身近な単子葉植物であるイネやムギの発芽の様子を調べると、最初にⅠ本の葉状器官が本葉（第一葉）を包み保護する形で地上に突き出てきますが、これは明らかに本葉（第一葉）とは異なり淡緑色で肉厚の器官で、植物ホルモンの分野ではすべてこれを**幼葉鞘**と言う呼び名で扱っています。確かにこの器官は、形態的にも機能的にも「幼葉鞘」と言う名称がぴったりする感じですが、小学校以来種子が発芽して最初に出てくる葉状器官が「子葉」で、それが１枚の仲間を単子葉植物、２枚生じる仲間を双子葉植物と呼んで学習を進めてきた私たち教師や生徒にとっては、高校生物のアベナテストの分野で、イネ科植物の一種であるマカラスムギの発芽で生じた最初の葉状器官だけ「子葉」と言わずに「幼葉鞘」と呼んで扱っている記述に出会うと、余りにも唐突で大きな戸惑いを感じさせられます。これに関する教科書等の記述を見ると、ほとんどの社が「幼葉鞘」と言う用語を用いており「子葉」との係わりについては何の説明もなされていません。そして幼葉鞘に次いで出てくる葉を第一葉と呼び、明らかにそれが本葉であることを示す見解でほぼ統一されています。

文献等によれば「子葉」とは「種子植物の個体発生で最初に形成される葉で、子葉の概念は体制的な位置を指し（胚発生に於ける第一節に生じる葉）の意味で、その数、構造、機能は種により異なり、どの部分を子葉とみなすかの解釈には異論があり、特に単子葉植物ではそれが多い」と記されています。また幼葉鞘（従来は子葉梢と呼ばれていた）については「イネ科植物の胚的器官で鞘葉、幼芽鞘、幼葉鞘とも呼ばれ、発芽時に最初に地上に抽出する部分を指し、第一葉を包み完全な筒状の鞘となる」と述べられています。

つまり子葉は個体発生で最初に形成される葉ですが、単子葉植物の子葉部の解釈には異論があること、そして幼葉鞘についてもイネ科植物独特の胚的器官として発芽時に最初に形成される部分であることなど、両者の関係が決して単純なものではないことを示唆しているわけです。そして子葉と子葉鞘（幼葉鞘）の関係については村山明子氏の明快な報告「遺伝41巻3号（1987年・裳華房）」があり、その中でコムギについては「胚乳から養分を吸収する胚盤と子葉鞘が、他の単子葉類に見られる子葉と相同である」との見解が広く受け入れられていること、「単子葉類の子葉には三つの機能があり、その一つである幼芽の保護の役目を果たしている部分が子葉鞘で、イネ科植物ではその子葉鞘に相当する部分が子葉の全部を占めるような形で発芽してくる」と述べられており**子葉＝子葉鞘**と解釈しても問題がないことが記されています。

　したがってマカラスムギの場合、最初の器官を子葉鞘（幼葉鞘）と表現している教科書の記述は正しいことになりますが、子葉や第一葉との関係

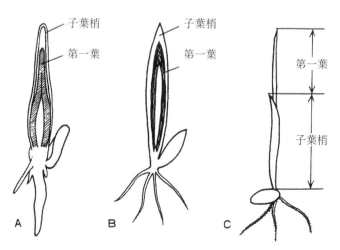

図4　A：カラスムギ芽生え模式図。B：イネ科植物芽生え模式図（参考書などにこの種の図が多く紹介されている）。C：コムギ芽生え模式図

について、その骨子だけでも補筆してくださるよう関係者の配慮をぜひお願いしたいと思います。そして同時に、生物界とは、どんな生き物でもその種しか持っていない特徴や形態を備えて生まれてきた独特の世界であり、それは人間でも決して例外でなく生徒一人一人が異なる個性を持って生まれてきていることを認識させる重要課題を理解させる貴重な素材と言えるのではないでしょうか。そのような意味でも、これらの植物の種類による子葉、子葉鞘の違いについては、クラブ活動等の**ガイダンス教育の研究課題**としてぜひ取り上げていただければと思っています。

5　「クシクラゲ」はいつ模細工化するのか

「発生のしくみ」の教材では、最初に必ず模細工卵と調節卵の問題が扱われ、**模細工卵の代表例**としてほとんどの教科書がクシクラゲの発生例を取り上げていますが、この仲間が卵割期のどの段階で模細工化するかについてはさまざまな見解が示されており、指導上混乱を招く事象の一つになっています。クシクラゲの成体は体の中央に小突起状の平衡器を持ち、そこから放射状に広がった8列の櫛板列を持つのが特徴で、この櫛板列の分化が発生の初期に決定されることから典型的な**模細工卵の教材例**として広く扱われてきたわけです。

　ただその櫛板列が、発生のどの時期にどのような形で分化・決定するのか、つまり何時模細工化するかについての教科書の記述は少なくとも3〜4通りに分かれているのが実状で、その問題点をまとめると下記3項目に要約することができます。

① 　櫛板列は小割球とは直接的な関係なしに分化するのか、小割球ができたときにはじめて分化するのか

② 　櫛板列を分化させる小割球は、発生のどの時期（4細胞期から16細胞期まで）のどの段階に生じるのか

③ 　櫛板列の模細工化は、発生初期は大割球レベルでも現れているが、16

細胞期になると小割球レベルでもおこるようになるのか

常識的に考えれば、第一卵割（2細胞期）、第二卵割（4細胞期）は共に経割ですから、4細胞期までは小割球は存在せず、第三卵割（緯割）が極端な不等割としておこった時に始めて4個の小割球が生じるはずです。そして第四卵割（経割2本）によって8個の大割球と8個の小割球を持つ16細胞期の胚が生じ、この段階ではじめて小割球と櫛板列の分化・決定の関係が明確に実証できることになるはずです。

文献等によれば、**模細工卵**とは「多細胞動物の卵割期の胚で割球そのほか胚の一部の材料を除去した時、そこから発生した胚が、除去部位に相応して一定の器官その他を欠除する場合、そのような卵を総称して模細工卵という」と記されています。そしてその例として取り上げられているクシクラゲについては「2細胞期に分割球を分離すると4列の櫛板列を、4細胞期に分離すると2櫛板列を、8細胞期に分離すると1櫛板列を持った部分胚になる。16細胞期胚を追究すると、8個の小割球に由来することがわかり、さらに逆のぼると未分割時の緑色をした表層細胞質に起因していることが確かめられている。この表層細胞質は、8細胞期までは分割の度毎に分割溝内に流れ込み、分割が完成するとまた表面に一様に分布するようになるが、8細胞期以後は卵の上に集まって次の卵割で小分割球の中に入り、表皮や櫛板に分化することが明らかにされている。したがってこの緑色表層細胞質が櫛板列の発生を規定しているものと考えられている」と記されています。

しかし現在の教科書等で扱われている櫛板列の分化に関する内容は、2細胞期胚か4細胞期胚での割球レベルで決まるという事例と、16細胞期での小割球から分化すると言う事例に大別され、発生段階に応じて模細工化のレベルが割球から小割球へと変化していくことについての説明はほとんどの社で触れておらず、したがって現場での指導では、両者の関連性について疑問を残したままの状態で扱われて来ているように思われます。しかしもし上述のような事実が実証されているとするならば、櫛板列の分化

第 2 章　探究を通しての生物教育

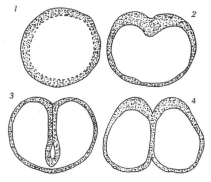
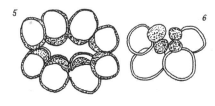

図5　卵割に伴う表層細胞質（点部）の移動（文献より改写）。1：受精卵。2、3：2細胞期・側面図、4：4細胞期・側面図（半分のみみえる）、5：8細胞期・側面図、6：16細胞期・側面図（半分のみみえる）

のしくみに関する疑問点はすべて解消するばかりでなく、発生に伴う模細工化進行の過程も明快に説明できることになるので、その旨の内容を付記した解説も加えていただければより優れた教材になり得るものと思われます。人間を含めて総ての生物は生まれてから体内各部細胞の模細工化が始まって組織・器官への分化が進み、それが死ぬまで継続し続けるものと考えられていますが、知能、体力、気力等、自分の体のどこが何時どのように模細工化を始めそれは何時まで続けられるのか、そしてその結果体はどのように分化し成長していくのか、人類を含めて、生物界で営まれている「発生」という最も重要かつ神秘的な現象を「生物ガイダンス教育」の立場に置き換えて検討し合うのも一考ではないでしょうか。

6　真の「成長」とはどのようなことか

「植物の成長」「生物の成長」等、「成長」という言葉は理科ではごく普通に使われている用語ですが、これを単なる現象としてだけでなく一歩掘り下げてそこに比較の概念を持ち込んだ時には非常に難しい問題が生じてくると思います。

かつて小学校低学年教材に「ひなたとひかげ」の項目があり、ヒマワリ

の成長を比較する内容が扱われていました。一般に植物について成長の様子を比べる場合　①草丈　②葉の大きさ　③葉の数　④茎の太さ、そのほか花の数、果実の数、目方等が比較の対象になっていた筈で、子供が最も身近な問題として扱ったのが、草丈と葉の大きさ、数、茎の太さ、長さ等でした。実際に体験された方はご存知のことと思いますが、ヒマワリの成長は当然日向に在る方が良いという結果を期待している訳で、茎の太さや葉の数などでは確かに予想通りになると思います。

　しかしこの観察で広く扱われ、子供にとって最も分かり易い筈の草丈や葉の大きさの問題になると、日陰の方が草丈が高くなり葉面積が広くなるなど予想外の結果が得られるはずで、これを子供たちにどう説明したら良いのか戸惑うケースが多かったのではないかと思います。中学生や高校生ならば、実質的成長と表面的、部分的成長の違いを理解させ納得させることは可能ですし、特に高等学校では授業で陰葉と陽葉や陰性植物、陽性植物の違いを扱うので、収穫量に基づく実際の成長量や実質的成長とそのバランス等の立場から問題を提起して納得させることができますが、小学生、特に下学年の児童を対象にした時は、その意味を理解させることはほとんど不可能ではないかと思われます。

　文献等によれば**成長**とは「生物体の体積と重量の増加をいう」とか「原形質量の増加や生物体が合成した物質量の増加」と定義する人もいます。また「多細胞生物では細胞分裂による細胞数の増加と個々の細胞の増大によって成長が起こるが、細胞の増大は限度があり細胞数の増加の方が大きく影響する」とも記されています。成長現象をグラフで示した成長曲線では、1個体や同種個体群の成長曲線などはS字状になることが多いが、生物の種類や成長の時期等でさまざまな曲線になることが有るとの記載もあります。一方教科書や参考書等では「生物の細胞やからだ全体量の増加をいう」「細胞数を増やしたり細胞の量的増加によりからだ全体が増加すること」「生物のからだが大きくなることを成長という」等と記されています。しかしこのような記述では実際に具体的な内容や問題を指導する時どのよ

第2章　探究を通しての生物教育

写真9
イヌタデの生態標本例。同一植物について、いろいろな成長段階や生活型を標本にまとめておくと教材に大変役に立つ

うに対処すればよいのか大いに悩まされるのではないかと思われます。

　ただこの内容を指導する主対象は小学校の児童ですから、逆にこれを人間形成に有効な教材として生かすことを考えれば大きな教育効果を挙げることができるのではないでしょうか。一例を挙げると、成長の問題をただ単に葉、茎、根、花、実など個々の問題だけで処理しないで総合的観点から問題点を捉えさせ、バランスのとれたものの見方、考え方を育成するチャンスとして生かすことができればこの教材の教育目標は十分に達成されることになるはずです。そしてそのような指導を受けた児童は生物や自然に対する偏りのない関心や観察眼が養われ、環境問題等にも正しく対応できる人間に育つ基盤が培われるものと思われますので、その意味でこの項目は小学校段階での理科教育の重要性を痛感させる貴重な教材と言えると思います。

　ただ「成長」の問題は小学校に限らず、また生物ばかりでなく人間社会の常用語として日常の生活でも常に出てくる大切な用語ですから**真の成長とはどのようなことか**を考えさせ、バランスの取れた成長が大切であることを認識させることが必要不可欠なポイントであり、さらにこの教材ばかりでなく、あらゆる関連教材を通してその必要性を生徒に伝え続けることが教育の重要な責務で、これも「生物ガイダンス教育」に必要不可欠な指

導内容と言えるのではないでしょうか。

7 field でぜひ〈「つくし」誰の子〉を

　春のひと時、生徒を野原に連れ出して「つくし」や「スギナ」を手に取り、一緒に眺めて見る時間を作ってみては如何でしょうか。
「つくし」は春早く「スギナ」が芽を出す前に土から伸び出してせっせと胞子を作り、自分の仕事が終ればそのまま枯れ果ててしまう誠にはかない寄生的生活を営む植物です。一方「スギナ」は「つくし」が枯れる頃に芽を出し、瞬く間に地面一帯を覆う大群落を形成し秋まで活発な生活活動を続ける植物です。学問的には「つくし」は「スギナ」の胞子体であり、胞子という子孫を作って枯れて行くのに対して、「スギナ」は生活を支えるために自力で光合成を行う栄養体で、同時に地下茎で繁殖する能力も兼ね備えています。つまり「つくし」は「スギナ」の子ではなく「スギナ」の子供を作る一つの生殖器官にすぎないものであるわけです。
　一つの同じ植物体でありながら、それぞれの一生が余りにも対照的であることに興味を引かれるのは私だけではないと思います。早春の時期にいち早く芽を出し、可憐で特異的な形態がプラスして昔からさまざまな分野で人間に深い係わりを持ち続けて来た「つくし」、しかもはかない命であることも同情を得るのに大きな役割を果たして来たものと思われます。とにかく「つくし」は目立つ存在でありながら極めて短命で、子孫を残すと言う大役を任されているのに、現在ではその本来の役割すらよく理解されないままぼやけた存在の植物になってしまっているのではないでしょうか。
　一方「スギナ」は特異的形態で所かまわず芽を出し、「つくし」の死骸を覆い尽くして瞬く間に付近一帯の地表面を席巻し、地下茎を一杯にはびこらせてしまう野性的でエネルギーに満ち溢れた強い生命力を持つ植物です。
　両者は同一植物種でありながらどうしてこのような対照的な二面性を持

第2章　探究を通しての生物教育

ち得たのでしょうか。過去をさかのぼると、恐らく「つくし」が全盛を誇り「スギナ」が寄生的状態で細々と子孫を繋ぐ時代も有ったことと思いますが、何時の日かその勢力関係が逆転し、「つくし」が全く寄生的状態に退化してしまったものと推察することができます。しかし「スギナ」という植物を今日まで支えて来たのは、言うまでもなく「つくし」ではなくて「スギナ」自身であることは間違いの無い事実ではないでしょうか。

　私は今現代の若者を見ていると、この「つくし型人間」と「スギナ型人間」の二つのタイプが有るように思えてなりません。まず「つくし型人間」とは一つの目的のためだけでいち早く目立つ存在になり、周囲からもてはやされて若い内からスター、アイドルなどと言われて華やかな日々を過ごすようになりますが、結局は自分の力で生きていこうとする努力もしないし、やろうとしても素質・能力が追いつかないためにはかなく消えていくタイプの若者たちだと思います。高校生中退者5〜6万人等と言う新聞記事を見ると、10代後半位までは親の支えで何とか生きて来た「つくし型人間」の数がそのまま現されているような感じを受けてしまうのです。

　それに対して「雑草のように逞しく」という言葉そのものの生き方を示すのが「スギナ型人間」ではないでしょうか。一年を通して地下部に強力なネットワークを張り巡らし、1本1本は目立たないがそれぞれが自力で生きる強い力を持ち、しかもお互いが支え合って集団社会を構成していくというタイプ。つまりまず強力な地盤、組織、ネットワーク等の集団の基盤を築き上げ、それに守られて仲間と共に力強く生きる植物スギナ、このような若者が一人でも多く育つようになれば、まさに磐石の家庭、学校、組織そして社会、国家が作られるのではないかと思います。

　小学校高学年の生徒や中学生を対象に、年に一度はぜひこのような時間を設けて一人でも多くの「スギナ型人間」を育てる機会を作るように心掛け、新学期の麗らかな春の日などに「つくし」や「スギナ」の実物に触れながら自分の将来について考えさせるのも、これから育つ若者にとって楽しい思い出のひと時になるのではないでしょうか。

また「雑草のようにたくましく」という言葉がありますが、人が踏み歩く道端にはびこる「オオバコ」、畑一面に生えてくる「オビシバ、メヒシバ」、全国至るところに広がりつつある帰化植物「セイタカアワダチソウ」など、強力な生命力を持つ雑草は身近にたくさん見られますが、その強さやたくましさから功罪までを含めて、その要因を追究するクラブ活動まで考えた「生物ガイダンス教育」をぜひ企画してみてください。

8　国際理解教育に「生物教育」も参加しよう

　国際理解教育の振興が叫ばれて久しいが、高校教育に於いても急激な進展をみせ、交流の場は全世界に広がり、またその方法も多種多様に亘り大きな時代の動きとなって日本全土を激しく揺り動かすまでになって来たように思われます。私も現職の時にはイギリス、デンマーク、ドイツ、アメリカ等の留学生を相手に日本の「生物学」を指導する機会を持つことができましたが、現在の日本の高校では実際の指導上、外国人留学生にとっては以下に述べるようなさまざまな障害が有ることを痛感させられました。
①　日本語、特に漢字のほとんどわからない彼等に、日本語で書かれた教科書や教材資料を配布してもそれはほとんど役に立たない。しかも高校レベルの内容はかなり専門化しているので、文章が分らなければ理解できないし図説を読み取ることも不可能である。日常会話程度の日本語は2〜3ヶ月経てばある程度こなせるようになるが、専門用語が続出する教科の内容、つまり授業の講義内容を理解することはほとんど不可能なことであろう。
②　私が接した範囲内では、生物学に関して、我が国のように小学校、中学校と段階を追った学習を積んでいないケースが多いようなので、日本の生徒と比較して「生物」に関する基礎知識や実験技術が極めて貧困である。したがって突然日本の高等学校の内容を学習させようとしても、余りにギャップが大きすぎて理解させることはかなり困難なケー

スが多いように思われる。

③　授業形態にかなりの違いがあり、教師のペースで進める講義中心の日本式授業になじみ、着いて来られるようになるまでにはかなりの時間が必要である。

　以上の３点は、いずれも言葉、文字の障害が根本原因になっていますが、そのほかにも生活習慣や環境の違いが加味されて、現在残念ながら、外国人留学生が日本の高校で理科や社会や国語等の教科を学ぶことはほとんど不可能に近い状況に置かれていることは確かだと思います。しかし反面、日本人が外国に留学する時は、留学先の学校ではすべて英語などの母国語で全教科の授業を受けているわけですから、日本に来る外国人留学生も、ある程度日本語の基礎・基本を学習した生徒を選ぶ制度をつくり、日本に来た以上は日本の高校生と同じカリキュラムで全教科を履修させるのが当然だと思いますが、現実にはそれが不可能に近い状況に在り、今後の国際理解教育発展を左右する大きな課題と言えるのではないでしょうか。

　しかし、グローバルな立場で国を挙げて外国人留学生を積極的に受け入れている現在、折角来日した留学生に我が国の高校教育の実態を十分に理解してもらうためには、できるだけ多くの教科を学習させて日本の教育の実態を身をもって体験してもらって、一人でも多くの日本語が分かるヒトを育成することは国際化を推進するための絶対的な必要条件であり、英語、体育、芸術など特定の教科しか受講しないで多くの空き時間を残した状態で１年間を過すのは誠にもったいない話だと思います。

　日本から派遣される留学生が、厳格な語学の試験にパスした者だけが選ばれるのに対して、外国人留学生の日本語力の不足が現場の対応にさまざまな歪を生み出す要因になっているわけですから、それぞれの学校に在籍する英語の先生が中心になって、日本の教科書や指導内容に準拠した留学生のための**英語版教材資料**を作成するなど、授業に参加させる方策を幅広く検討し、受け入れる側の体制を早急に整備することが必要ではないかと思われます。特に日本の理科教育が世界に誇れる高い水準に在るだけに、

留学生がそれを学ぶことによって得られる成果は非常に大きなものがある
と思われますし、国際化推進の一つのポイントとして「日本語に通じた外
国人を一人でも多く育成すること」が挙げられていますので、これは生物
教育だけの問題ではなく、各教科全体の「ガイダンス教育の課題」として
早急に実践していただきたい重要な方策だと思っています。

My experience of biology in Japan.

I found it in general very interesting . In England I had only done one year
of (very simple) biology, so I did not know much about it, but although I am
not a science specialist. I think biology is the most interesting science. I found
the teacher`s notes useful , as they gave an outline of the lesson in English.
That way I could know what the lecture was about in a general way. They
also had very useful and interesting diagrams.

However, I found that because my vocabulary was very limited, I was
unable to make full use of the notes. When a new subject was started, I could
use the notes and the knowledge I already had, and perhaps understand about
60~70% of the lecture. however, after usually 1~2 lessons, the pace of the
class was so fast that I could not keep up. Therefore, I could not really write
many of my own notes.

For next years' student, I recommend that they obtain a biological dictionary
(from AFS), and to sit at the front, where it is easier to hear the lecture.

However, I have already recommended to the next year`s student to study
biology, as it is very interesting and had a very good teacher.

I would like to thank Shinohara sensei very much !

From ; Andrew Baker 1959 .3. 6

外国人留学生の感想文

第2章 探究を通しての生物教育

Exp. 2. Plant cells and animal cells
A. Plant cell (Onion bulbs scale)
⟨ Procedure ⟩
1. Cut the onion bulb longitudinally into quarters.
2. Take one of the pieces of a cut bulbs scale Carefully peel off a piece of the thin skin on the concave surface, and place the epidermis on the slide.
3. Add a drop of absolute alcohol, on a piece of onion skin on a slide, leave it in a few minutes.
4. Add a drop of pyronin-methyl green stain. leave it three minutes.

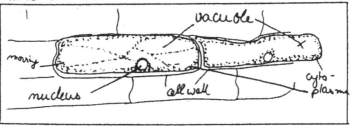

B. Animal cell (Human epithelial cells lining the mouth)
⟨ Procedure ⟩
1. On a clean slide, place a drop of water.
2. With a toothpick, very gently scrape the inside lining of your cheek and deposit a little of the scraping in the drop of water.
3. Add a drop of methylen blue to the material on your slide.
4. Cover with a cover slip and observe through the microscope.

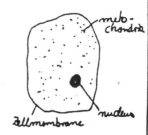

図6　外国人留学生のための英語版実習用プリントと記録例

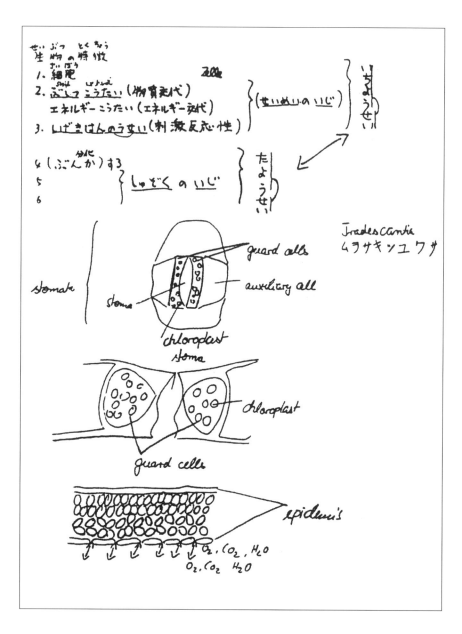

図7　英国人留学生A君のノートより

第3章　人体(からだ)のサイエンス
「人間—この不思議な生き物」

はじめに

　永年にわたって「生物」という教科を教えてきて、人体や人間とは何と「不思議な生き物」なんだろうと思い続けてきました。この世で腹を突き出して歩く動物はヒトとペンギンぐらいですが、この不思議な体形を持ち特異な行動をとる人間の生い立ちを考えることは大変興味深い課題であり、環境問題と共に私の終生の研究テーマになってしまいました。ただ生物の授業では「進化」の分野で人類の誕生から進化までの過程は扱っていますが「人類とはどのような特異性を持った生き物なのか」など、人間そのものを考える内容は全く取り上げられていませんので、残念ながら現在の高等学校までの過程では、生物教育の授業を介して改めて人類について考える生徒はほとんどいないのではないかと思われます。

　しかし長い一生の間には、自分が人間としてこの世に生を受けたドラマから始まり、自分の人生や運命について改めて考え直す時期が必ずあるのではないかと思います。そのような観点で私自身も**人間とは何て不思議な生き物なんだろう**と改めて思い直してから少しずつ資料を収集し続けてきましたが、収集・整理しようとすればする程逆に対象が広がっていく状態で、人類学の大きさや奥深さにはただただ圧倒されるばかりでしたので、生物教育の立場でも何らかの形でその一端に触れることを考えたいと思い続けていました。

　ちょうどその時、市民講座等で「人間について」のテーマで講話の依頼を受けたので、この機会に原点に戻って検討を加え、人類の主な特徴だけに焦点を絞り、それに纏わる問題まで含めてその概要をまとめたのがここで取り上げた内容です。しかし講話の内容をまとめているうちに、生物教育の中でも二足歩行の効果や感覚器官・言語の発達等人類が進化を遂げた原点についてもっと考えさせる機会を作ることが望ましいのではないかと思う気持が強くなり、そのような観点からさらに内容を掘り下げてまとめ

第3章　人体（からだ）のサイエンス「人間─この不思議な生き物」

る努力を続けてきました。ただ急速な時代の進展にともなって人間の生活はもとより社会情勢も目まぐるしく変化し、一方ではグローバル化が進むなど「健康」や「青少年育成」の問題を含めて人間自身が自分たちの将来を予測することが困難な情勢になってしまいましたので、ここでは**人間サイエンス**としてヒトにまつわるいくつかの問題を臨機応変に取り上げてみましたが、あまりにも遠大な課題ですのでまだ緒についたばかりの状態です。しかし、いずれも生活と直結した重要課題ばかりであり、どんな問題からでも結構ですのでぜひ「ヒトに関するガイダンス教育の立場」でいろいろな機会をとらえて検討していただければと思っています。

1　人類の「歴史」と「特徴」（ヒトは今も昔と同じく進化の途上にある）

　この地球上に生命が誕生して以来 36 億年を経過していると言われていますが、その間 10 億種以上の生物が出現し、うち 4 億種が現存していると考えられています。1 年生植物の寿命は 1 年ですが、「カメ」は 300 ～ 400 年、「ツル」は 150 年「線虫」は 1 ヶ月、「ヒト」は 100 年、巨木は数千年となっていますので、その計算でいくと、60 ～ 100 年のサイクルで 300 万年前に我々「人類の先祖」が出現したことになり、とても信じられないことですが、現在では、この抜群の生活能力を持つようになった人類を誕生させた要因は総て**直立歩行生活**に由来するものと考えられています。

　現在人類の先祖は「ツパイ類（キネズミ）＝原猿類」として定着されていますが、ツパイ類は「リス」に似た 30cm くらいの小動物で、フィリピン、インド、マレー諸島に生息し、樹上生活を営みながら「真猿類（テナガザル、キツネザル）」へと進化を続け、霊長類まで辿り着くと同時に森林生活も定着したものと推測されています。樹上は外敵に攻められないばかりでなく、体の構造や機能の面で、下記 4 点に示されるような直立歩行に適した準備が自然に行われるようになったために、人類の先祖は樹上生活から直立歩行へと極めてスムーズに移行していったものと説明されています。

① 親指が他の指と対向する（ぶら下がるのに適する）状態に有るので、枝にぶら下がると体が垂直になり肩関節の運動範囲が広がる変化が起こる。ヒトの乳幼児が何時間でも鉄棒にぶら下がることができるのは先祖の樹上生活の名残と言われる。
② 樹上では横臥より体幹を起こして寝る方が良く、直立姿勢に移るのに便利である。
③ 左右の眼が前方に揃っているので、遠近距離がわかり木から木へ移るのに便利であるばかりなく立体視も可能である。

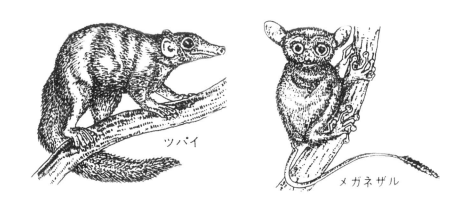

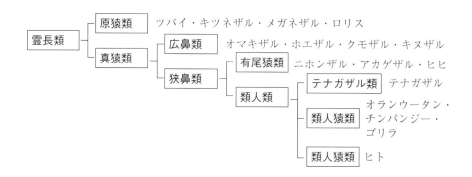

図8 霊長類2種（上図）、霊長類の系統（下図）（『生物図説』秀文堂より）

第3章　人体（からだ）のサイエンス「人間―この不思議な生き物」

④　脊椎骨が直立すると頭骨を支える力が増し、脳が重くなっても支える
　　ことができるようになり、頭骨の発達に大きな役割を果たすことがで
　　きた。

　　以上、日常何の疑問もなく行なっている自分の手足の動きや体の行動に
関して、その利便性や能力の高さ等について改めて原点に戻って見つめ直
してみることも必要なことではないかと思います。

　　したがってもし授業で人類の誕生や進化の問題を扱う時にはぜひ、ここ
に記した資料と次の「2、直立歩行（二足歩行）の功罪」の項に記述した
資料などを活用して、生徒と共に**人類の進化に関する具体的な事象**等の
テーマで検討し合う時間を作っていただければ、「ヒトに関するガイダン
ス教育」の貴重な項目になるのではないかと思っています。

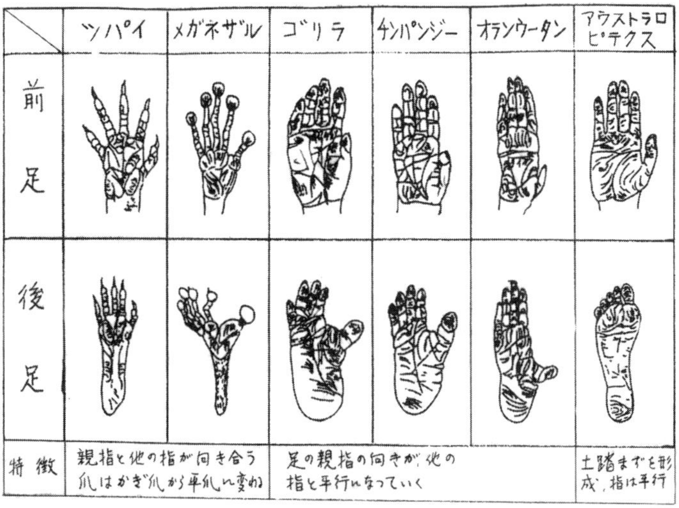

	ツパイ	メガネザル	ゴリラ	チンパンジー	オランウータン	アウストラロピテクス
前足						
後足						
特徴	親指と他の指が向き合う 爪はかぎ爪から平爪に変わる		足の親指の向きが他の 指と平行になっていく			土踏まずを形成、指は平行

図9　霊長類、前足（手）と後足の進化（『総合図説生物改編』第一学習社より）

2 直立歩行（二足歩行）の功罪及び「サル」と「ヒト」を分けたもの

　上記のようないくつかの要因が重なって直立歩行が定着し、脳の発達を促して人類の先祖は着実な進化を遂げてきたものと考えられていますが、当然のことながら**二足歩行**にはいろいろな功罪が付きまとうことになってきたことも同時に記録されています。では実際に功罪に係るどのような問題が生じていたのか、予想される現象を考えることこそ「進化」の謎を解く重要なポイントになると思いますので、ここではぜひ、上記問題について導入段階で生徒と話し合いながら授業を進める時間を作っていただきたいと思います。以下に記す資料は、上述の問題に関連する項目・内容をまとめたものですが、導入授業で指導する場合の参考資料として活用していただければ幸いです。

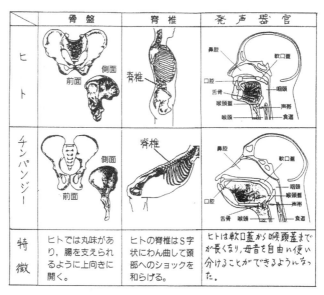

図10　ヒトと類人猿（チンパンジー）との比較（『総合図説生物改編』第一学習社より）

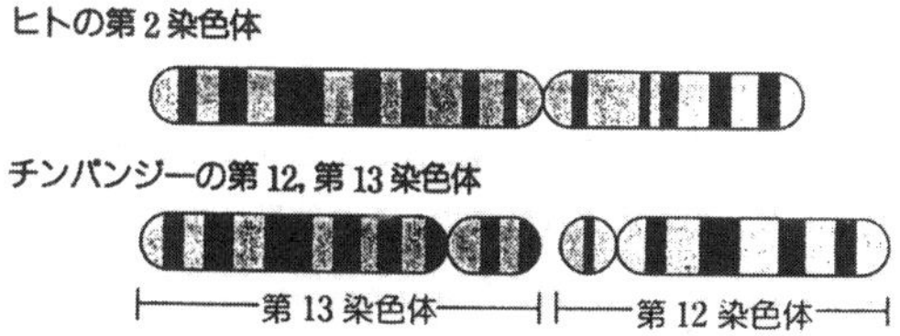

第3章　人体（からだ）のサイエンス「人間―この不思議な生き物」

ヒトの第2染色体

チンパンジーの第12，第13染色体

├──────第13染色体──────┤├──────第12染色体──────┤

図11　ヒトとチンパンジーの染色体比較（『総合図説生物』第一学習社より）

　分染法によって染色体のバンドのパターンを調べると、ヒトの第2染色体のパターンは、チンパンジーの第12及び第13染色体のものと似ている。これは、ヒトの第2染色体が2個の染色体の融合によってできたことを示しています。

　上記「直立歩行」に関する問題で現在学問的に明らかにされている内容としては、まずプラス面では**手を退化させないで直立した**のが大きな特徴で、その結果目の位置が高くなって視野が広がり、直立による攻撃姿勢が増大したこと。また強大な脚力が武器になって原野の王者にのし上がる大きな要因となったこと。の二点が挙げられています。しかしマイナス面としては、前後関係にあった内蔵が上下関係になり、胃下垂、内臓下垂や心臓が下がり脳貧血や立ちくらみが起こりやすくなったばかりでなく、肛門付近の静脈叢が下位にあるので鬱血しやすく「痔」になる率が高くなったこと。また腰部脊椎が湾曲して産道（大骨盤から下部の小骨盤への移行部）がひしゃげ、出産の際胎児の移動がスムーズにいかない難産が増加するようになったことの二点が挙げられています。

　一方「脳」の発達に伴い、「嗅覚」と言う原始的な感覚中枢の上に次々と脳が上乗せされていき「心の動物」としての人類が形成されてきたわけですが、何と言っても人類を直接区分した要因は**言語を持ったこと**だと言われています。音声を発するには水中よりも空気中の方が効果的な意志の伝達が可能であり、急速な脳の発達と並行して言葉による情報の伝達量が増加し、それが集団行動をとるうえで計り知れない力を発揮するようになっていったものと推測されています。

49

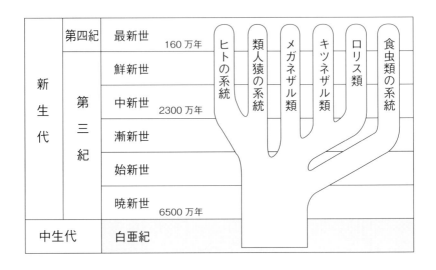

図12　霊長類の系統樹（『生物図説改編』秀文堂より）

　そして現在、「サル」と「ヒト」を直接分けた要因は次の５項目に集約されています。①対象の形、距離を一瞬につかむことができる眼、②言葉を自由に発声できる口、③感情（喜怒哀楽）を表現できる顔の筋肉、④道具を使う手と指、⑤優秀な頭脳。現在類人猿からヒトが分離独立して進化の道を歩んだことを疑う者はいないと思いますが、ここでは、偶然に獲得したさまざまな超能力の累積が結果的に生物界の王者・人類の誕生に繋がったと言う事実を理解させることが指導上の重要なポイントになると思います。

　以上人類の先祖は、直立歩行で獲得した「ヒト」としての特徴である上記五つの要因を存分に駆使して、わずか数百万年と言う驚異的スピードで現代人との溝を埋め尽くしたものと考えられていますが、ここに挙げられた五つの項目は、生物学的立場から捉えた「ヒト」の特徴として誰もが知っている事柄ばかりではないでしょうか。したがって「ヒトの進化」の授業

第3章　人体（からだ）のサイエンス「人間─この不思議な生き物」

項目でこの内容を扱う場合には必ず、人類の特質を示す基本的条件として、できれば設問を通して生徒に発表させながら上記5項目をまとめる方式をとるなど、教育上価値の有る重要な内容ですので確実に定着させる指導をお願いしたいと思います。

3　人類の将来

　300万年前に誕生し順調に進化を続けてきた人類が、今後将来に向ってどのような変遷をたどるのかについては誰にも全く予測できない大きな漠然とした課題であると同時に、誰もがそれなりの関心を持つ問題ではないかと思われます。したがってできることならぜひ**人類の将来に関する予測**と題して「生物ガイダンス授業」の一環として話し合いや討議する機会を作っていただければと思っていますが、そのような願望を実現させるために少しでもお役に立つことができればとの思いで、話し合いで出てくる話題として予想される内容を可能な範囲で想定し、ここでは「生物のガイダンス教育」として活用する場合の参考資料として提供させていただきましたのでぜひご検討ください。

　（資料）「ヒト」は個体変異によって一人ひとり皆異なり、平均値が多くて変異により少しずつ ＋ 、 ─ の方向にずれ全体として釣鐘状分布を示しています。そしてこの釣鐘は時代と共に ＋ か ─ にずれて「漸進的変異（小進化）」を続け、一般には「プラス変異＝未来型」、「マイナス変異＝過去型」と呼ばれるように分かれて進化して来たわけですが、現代人の中には未来型のヒトと過去型のヒトが同居しており、同一人の体の中にも未来型の部分と過去型の部分（退化器官）が共存していると言われています。このようなレベルでの小進化は同一種内の進化を指し、「サルからヒト」への進化や「猿人から新人」へと言うような「属」以上のレベルで生じる大進化とは明白に区別されています。したがってもし、現人類が大進化を遂げることが有るならば人類は人類でなくなることを意味することになる

51

訳で、「ツパイ（キネズミ）」から二足歩行の類人猿に変わったのは大進化に相当しますが、「直立歩行グループ」から「サルとヒト」が分かれていったのは小進化に相当するレベルの連続と考えるのが妥当とされています。

　今地球上に生息している人類がもし小進化を繰り返すとどうなっていくのか、また大進化を遂げればどうなるのか、現在地球上で生活している現代人のなかで、自分たちの子孫、つまり人類の未来について予測しているヒトは皆無に等しい状態だと思いますが、宇宙開発が急速に進められさまざまな宇宙人の生息が想定される時代になってきた現在、もし機会があれば**人類の未来像**について生徒と共に語り合ったり、レポートや小論文を課して考えさせるなどいろいろな指導展開を試みるのも人類進化の歴史を考えるうえで楽しい方策の一つになるのではないかと思います。時間が許せばぜひ、このような若者に夢を持たせる内容の「人類に関するガイダンス授業」も実践してみてください。

　次に全く異なる観点からの話題を提供します。**ママコノシリヌグイ**（トゲソバ）と呼ばれる身近に見られる**タデ科植物**の雑草がありますが、実はこの名前には、人間ならではの次の３つの概念が含まれています。①ママコ（継子）とは実子に対する言葉で、「継子」を養育するのは「ヒト」の特徴であり「哺乳類」は実子しか養育しない。②「ヒト」は直立歩行のために肛門が汚れやすく、尻を拭うのは人類だけである。③トゲのある茎、葉で継子の尻を拭うのは陰惨ないびり方であり、これも人類特有の行為です。

　もともと「人類の家族」は単なる繁殖の単位ではなく子供の養育機関、共同体の最小構成単位であり情緒安定の場であるわけです。つまり、「継子（養子）」とは人類的特色である精神的結合のもとに成立するものであり、「継子」を虐めることは「人類の家族現象」としてあってはならない行為ですから、人類としては誠に矛盾を含んだ名前と言うことになります。野外観察などでこの植物に出会う機会が有った時には「教科ガイダンス指導」の一環としてぜひ話題にしていただければと思っています。

第 3 章　人体（からだ）のサイエンス「人間―この不思議な生き物」

4　人類の誕生；「ルーシー（350 万年前の類人女性）」　と人間になるための条件

　現在、人類の先祖は 350 万年前に誕生したと言うのが定説になっていますが、人類誕生の歴史については下記のようなエピソードで説明されています。

　1974 年 11 月末、エチオピア・ハダールでアウストラロピテクスの化石（全身の 40％の骨発掘）が発見され、これが世界で最初に発掘された人類の化石と言われています。この化石は直立二足歩行の女性の骨でしたが、大発見の祝宴の時ビートルズの「ルーシーインザスカイ・ウイズ・ダイアモンド」の曲が流れていたところから骨の主が「ルーシー」と名付けられたと言い伝えられています。この化石が「猿人」としてチンパンジー（類人猿）と区別された理由は、骨盤を支える腸骨がチンパンジーでは両側に広がっているのに対して、ルーシーでは腸骨が湾曲し、骨盤が丸みを帯びて産道が大きくなっていたことです。つまり丸い骨盤は直立上体を支えるために不可欠の条件であり、この点が決め手になったわけですが、腸骨の上下の幅が狭いので発達した脳を持つ胎児を産むのが困難な点からヒトの前段階のレベルと判断されたと記録されています。

（1）人間になるための条件と子供の育て方

　では人類が人間になるための条件とはどのようなことなのでしょうか？

　親が子供を人間社会の一員として育てるためにはまず、人間が知能を発達させた要因について検討することが必要になりますが、動物は立ち上がっただけでは脳は発達しません。前足が手になり、指が自由に動かせるようになった時にはじめて脳が発達する訳で、ペンギンは直立しているが脳は発達していないのは、前足は鰭で指を使わないからだと考えることができます。

　脳が発達する幼児期に指を動かさないでいると、親から受け継いだ応用力、開発力、創造力など人間の基本である創意工夫の能力が欠落し、応用

53

力の足りない大人になってしまうと考えられています。ニューギニアの原始社会では赤ん坊がいじくりまわせるオモチャがないので空をつかんでモヤモヤと指を動かすだけであり、幼児期になっても石か木片を掴んで投げる程度までの能力しか発達しないそうです。

オオカミに育てられて4歳頃発見された**オオカミ少年**の例では、発見者はこの少年を人間社会に戻そうとして努力しましたが、手は前足として使われるだけで細かい操作はできないし、食物は直接口で食べ、皿の飲み物はペチャペチャ舐めるだけで手に持って飲むことはできなかったことが知られています。また、立ち上がることはできても2本足でうまく歩くことはできず、言葉はイヌ程度まで認識できたが自分から喋ることはできなかったとも言われています。つまりこのことは、時間をかけても最後まで人間らしい方向に進めることができなかったことを示しているわけで、これらの事例からも、ヒトを人間にするためには幼児期の育てられ方が重要な鍵を握っていることを物語っているものと思われます。

オオカミ少年は図らずも「人間が人間らしい能力を得る時期」の目安を教えてくれたわけですが、例え正常な人間の身体を持って生まれても、生後半年から3年目までの、人間の特性を生かすようになるために絶対必要な時間を奪われてしまうと、このような取り返しの効かない悲劇をもたらすことを示したものと言えると思います。今大きな社会問題になっている我が国の幼児教育を考えた時に、現在の親は子供を正常な人間にするために必要な仕上げをやっているのかどうか少し心配な面が有るように思われてなりません。つまり4歳で幼稚園に入る時にはすでに大切な時期は去っている訳で、幼児期に指の訓練が行われていないと応用力、開発力、創造力などヒトがヒトとして備えるべき本来の能力が欠落し、個体の生存にマイナスになる恐れが多分にあることになってしまいます。

現在の高度成長を支えた人たちは指先を使う幼時期を過ごして来た人たちですが、テレビゲーム、パソコン。ヘッドフォン、ビデオが主の今の幼児、子供たちはどうなるのでしょうか？ 残念ながらこれで大丈夫なのか

第3章　人体（からだ）のサイエンス「人間―この不思議な生き物」

一抹の不安を感じさせられるのは私だけではないと思います。したがって
この問題については、国の将来を担うなるべくたくさんの青少年や学生た
ちの実態を把握すると共に、ぜひ一度は、学校に限らず幼児教育を含めた
いろいろな教育機関の場で、できれば子供たちを交えて、日常生活のあり
方についてじっくり話し合い検討し合う機会を作っていただかなければな
らない時代が来ているのではないかと思われます。そしてこれも**人間ガイ
ダンス教育**の重要な課題の一つになるのではないでしょうか。

5　大脳・知能を考える

（1）脳のつくりと発育

　人体生理で扱う神経系統の学習では必ず「脳の構造と機能」に関する基
本的な問題について履修することになっていますが、現在の人類を誕生さ
せ、不動の地位を確立させた要因が知能の発達によるものであることまで
はほとんど扱われていないと思います。しかしここでは、人類誕生の中核
をなし、人生そのものを左右する重要な器官である「脳」とはどのような
ものか、生物の授業の中で学習する「脳」の基本的なつくりと働き及び、
その独自の特徴等にプラスして「脳」の持つ複雑で多面的な機能について、
ヒトの成長に伴う発達状態の変化やそれに関連する事項までを含めた全体
像について考えてみたいと思います。

　ヒトの「脳」は「頭頂部」に在り、知識、理性、判断を司る「新皮質（す
ぐ裏側の表面）」と、食欲、性欲、集団欲＝生きる力＝「本能を司る旧皮
質（新皮質の下）」及び、「脳幹（根元）」の３部分で構成されています。

　新皮質（前頭葉を除く）は＝「うまく生きる（適応を司る）」領域であり、
新皮質の前頭葉は＝「良く生きる（創造を司る）領域」と言われ、**旧皮質、
古皮質**は＝「たくましく生きる（本能、情緒を司る）領域」であり、**脳幹・
脊髄**は＝「まず生きるための領域」となって区別されています。したがっ
て「脳幹」がやられて生き返らない状態が「脳死」であり、「脳幹」は生

きているが他の部分がやられている状態が「植物人間」と言うことになります。

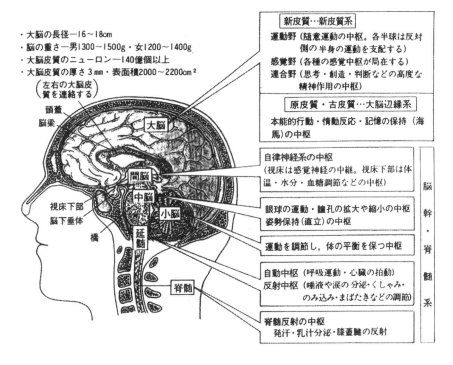

図13 ヒトの脳の構造と働き（『生物図説』秀文堂より）

　大脳は140億個の神経細胞よりなりすべてが分裂終了細胞で、その内実際に働いているのは40億個で1細胞から40〜100本の樹状突起が出てネットワークを構成していることが知られています。誕生時の脳重量は400gですが、半年後には800gになり1.5〜2歳で増加は鈍ってくるそうです。また4〜6歳で大人の95％に当たる1330gになり、20歳で1400g、30歳でピークに達し40歳から減少が始まることも明らかにされています。その場合の脳重量の増加とは樹状突起（ネットワーク）の増加を意味していますが、延髄、脳幹は生後半年で完成し、小脳はやや遅れて

第3章　人体（からだ）のサイエンス「人間―この不思議な生き物」

成長を成し遂げることも知られています。

　前頭葉の発達は人間だけの現象で、ヒトの前頭葉は2歳頃まではほとんど発達しないが、3～4歳で発達の芽生えが起こると考えられています。3歳頃までの子供は母親の真似をして割合にうまく喋ることができるように見えますが、3歳保育児（年少組）の50mカケッコなどでは、親は真面目に走らせたいのに隣の子供とニコニコ笑いながら走る風景が見られ、これは前頭葉が未発達で自己主張や感情の芽生えが無いことを物語っています。しかし4歳頃になると「あしたママと一緒にデパートに行って来た」など、時間と空間の観念の無い、過去と未来を混同したおかしなことを時々言うようになりますが、これこそ自分で考えて話すようになった証拠であり前頭葉発達の芽生えを意味していることになると言われています。事実幼稚園年長組の競争になると「勝ちたい、誉めてもらいたい」と言う自己主張による感情の芽生えから一生懸命に走り1等になろうとする姿勢が感じられるようになるなど明らかな違いが認められるようになってくるはずです。

　以上が大脳の構造と機能についての概要ですが、このレベルまでの内容は一般の高等生物の授業でも扱われている事象だと思いますので、次にこれをベースにして、現在教育現場で大きな話題になっている「いじめ」や「自殺」等の「脳の精神的機能」に関する問題解消に少しでも役に立つことができればとの思いで、健全な脳機能を持つ生徒の育成に必要な「子供の脳」を発達させるための重要なポイントについて少し検討してみたいと思いますが、現在大きな社会問題にまでなっているだけに、「生物ガイダンス教育」の一環としてばかりでなく、「社会科」や「道徳」などの関連教科などでもぜひ取り上げていただきたい課題だと思っています。

（2）前頭葉を鍛えよう（リーダー養成のポイント）

　前頭葉は10歳頃から本格的に発達するようになると言われています。「自殺」と言う行為は、自分で考えて計画し、実行する行動であり、前頭葉が発達しないとできない行為ですから、10歳前に自殺する子供はいな

いし哺乳類は自殺しません。また前頭葉以外は 20 歳頃から老化しはじめますが、前頭葉は 10 歳以降も発達を続けていくことが知られています。人間社会では年配者がリーダーになるのはこのためで、前頭葉が発達する子供は、小学校入学時には目立たないが 4 〜 5 年生の頃から目立つようになるのに対して、前頭葉の発達しない子供は、小学校入学時は秀才だったのに 4 〜 5 年生頃から目立たなくなると言う共通点が有ることが知られています。したがって前者のような子供は大変将来有望な少年・少女と言うことになります。

　前頭葉を鍛えるために、小学校高学年から中学校にかけての教育で最も重要な科目は**作文**と**体育**だと言われています。作文を書くためには、まず脳内の情報を前頭葉が引き出し、その情報を組み立てて文章に表現する作業が必要ですが、もともと「教育」とはラテン語で「エードゥカーレ」＝「引き出す」と言う意味であり作文はその目標にピッタリの教科であり、しかもそれを自力でやらなければならないところに大きな意義があるわけです。また「体育」はどの種目にもルールがあり、ルールを守らなければ成立しない教科ですから、枠の中で努力することが大切で、そこに何らかの抑止力が働くことになるわけです。はじめから能力が決まっているような、跳んだり、はねたり、走ったりなどの「先天的能力」を評価する体育は役に立ちませんが、抑止力が働き前向きの努力を必要とする体育は前頭葉を鍛えるうえで大変重要な教科と考えることができます。

　おでこの下にある**前頭葉**は人類のみで発達する器官で、いわば人間らしさの中枢であると同時に物事を考え出しつくり出す創造の座であり、別な言葉で言えば文化・科学・教育の座であり喜怒哀楽の座と考えられています。つまりこの部分は、未来を考えるために起こる苦しみや心の痛みを伴う苦痛、笑い（ヒトは笑う唯一の動物である）など「心の動物」であるヒトの根源に係わるすべての事象の中枢に当たるわけですから、前頭葉の神経回路網を発達させることが常識ある人間になることであり、適切な判断力・行動力のとれる人間になること、そして究極は「良き社会人」「信頼

第3章　人体（からだ）のサイエンス「人間―この不思議な生き物」

される人間」になることですので、人間は誰しも、そのことを十分に認識して生きていかなければならないと思います。

　以上で前頭葉が人を育てる上で非常に重要な器官であることは理解していただけたと思いますが、その育成は一人でできることではなく人間同士の触れ合いが大きな鍵を握っている点が重要なポイントになります。したがって「いじめ」や「自殺」など陰湿な事件が後を立たない現在の教育現場ではぜひ、それに直結した基本的要因ともいうべき「相手の気持や心を考える姿勢の育成」「コミュニケーション能力の育成」等日常の生活の中で、自然に**前頭葉の健全な育成**に必要な行動がとれるようになるためにはどうすれば良いのかの問題を大脳生理学の立場を念頭に置いて「ヒトに関するガイダンス教育」の立場で取り上げ、改めてその構造と機能について生徒と共に考え直し、語り合う有効な方策を研究し実践していただきたいと思います。

（3）知能の優劣及び記憶のメカニズム

　日常私たちは「頭のいいヒト・悪いヒト」と言う表現を簡単に使っていますが、ヒトの能力は大きく**精神的な能力**と**知的能力**の二つに分けられています。前者についてはすでに「（2）前頭葉を鍛えよう」の項で述べましたので、ここでは後者の「知能」について考えることにします。

　ヒトの「知能」即ち「頭の良し悪し」はどのような尺度で判断しようとしているのでしょうか。　大脳の働きの中心は「知能」であることは周知の事実ですが、大脳は大きい方がいいのでしょうか、また重い方がいい頭になれるのでしょうか。普通、大脳生理分野の授業ではここまでの問題は扱いませんが、生徒にとっては誰もが非常に興味・関心のある課題だと思いますので、学校でもぜひ、機会が有ればこの問題について皆で話し合い考え合う時間を作っていただきたいと思います。もちろんこの「知能」については正確な尺度など有る筈はありませんが、一般には「記憶力の有無」「学習能力の差」及び「知能指数（IQ）＝知能検査で得た精神年齢を暦年齢で割り、それに100を掛けて算出する」などで推測する場合が多く、大

変大きな問題を残したままになっています。とりあえずここでは、知能差が生じる要因と考えられているいくつかの事象を取り上げまとめてみましたので、授業での補足や生徒と話し合いを持つ場合の参考資料として活用していただきたいと思います。

　ア、脳重量と体重との関係

　まず、脳重量と体重の比について調べられたデータによれば、ヒトでは1：40、ネズミでは1：30、スズメでも1：20でさほどの有意の差は無いようです。また「脳回」と呼ばれる脳皮質の表面積（脳皮質表面のしわ）について調べられた結果でも、イルカ、クジラはヒトに劣らない構造になっていることはよく知られた事柄です。では脳細胞間を結ぶ神経繊維の量についてはどうでしょうか。これは**過剰神経繊維数**とも呼ばれ、必要最小限量を超える神経回路網の量を指す数値ですが、ヒト（現代人）は90億、原人は70億、猿人40億、チンパンジー・ゴリラが35億、アカゲザルは12億と計算されており、知能と構造の関係で明白な差異が認められる唯一のデータと考えられていて、この**過剰神経繊維数**が高度な脳の働きに貢献しているものと推測されています。したがって知能の実態については、形態的には140億個脳細胞と言う部品の配線の仕方に基づく神経回路構成の善し悪しが性能を決め、機能的な面ではデータバンクとしての記憶容量の大きさ、記憶保持能力・事務的処理能力の優劣差、情報に立脚した創造行為（天才としてのひらめき）が、決定的な差異を生じる要因であるとする見解で統一されています。

ヒト	ゴリラ	ハト	カエル	イヌ	ニワトリ	ウマ	子ゾウ	クジラ
1：38	1：100	1：104	1：172	1：257	1：347	1：400	1：500	1：2500

表1　脳の重さ1に対する体重の比率（『生物図説』秀文堂より）

　イ、記憶のレベルと記憶のメカニズム

　次に「知能」の優劣を左右すると考えられている記憶の問題について調

第3章　人体（からだ）のサイエンス「人間—この不思議な生き物」

べてみますと、記憶には下記の三段階のレベルが存在することが知られています。①電話番号、試験勉強など繰り返しをしないと忘れるレベルで、記憶項目数は7前後、記憶時間は25秒と言われる記憶レベル。②前日の会議内容や授業・講義等を記憶するレベルで、中間期記憶と言われ5分〜1日が限度の記憶レベル。③最も長いのは死に到るまで記憶が宿る長期記憶で、コンピューターを遥かに凌ぐ記憶容量を持つと言われる記憶レベル。の三段階です。

　ではこれらの記憶はどうして起こるのでしょうか。脳・神経細胞が刺激で興奮すると、神経繊維末端から**記憶伝達物質**（グルタミン酸で「神経ホルモン」と呼ばれている）が分泌されますが、それがシナプスを伝わる時の量的関係によって伝達する情報が決められ、記憶のレベルが分かれることが明らかにされています。**グルタミン酸**は脳内アミノ酸の30％を占め興奮性に活動する物質で、グルタミン酸から作られた変形アミノ酸**ギャバ(Gaba)** は逆に抑制的に働く性質が有り、グルタミン酸の興奮性とGabaの抑制性によって脳・神経活動がコントロールされているのが記憶をつかさどる正常な状態と考えられています。「癲癇」と言う病気が有りますが、癲癇とはギリシャ語でエピレプシ（急に襲う）の意味で、脳内で一時的に急激な電気発生が起こり活動する神経が、Gabaによって失調するために起こります。1982年フランスで発見された「プロガバイド」は、血液に混じって脳に入るとGabaになることから癲癇の調節に役立ち「癲癇の特効薬」として広く普及している薬です。つまり癲癇とその治療薬の研究によって、現在「記憶」のメカニズムが解明されようとしているわけです。

　以上が現在解明されているヒトの知能と記憶に関するしくみの概要ですが、この問題に関して高等学校までの授業で扱う内容は基本的な知識として学習するだけで十分だと思いますので、上述の記述内容については、授業の補足や話し合いの場、あるいは生涯学習を考える場合等、必要に応じて「生物ガイダンス教育」の立場で活用していただければと思っています。

61

6 天才を考える

（1）天才の特徴と共通点及び存在意義

　今までは「人体生理学」の立場で「脳」について考えてきましたが、次に「天才」と呼ばれる社会で活躍した伝説的人材についてその実生活を中心に考えてみたいと思います。

　広い世界の中では、歴史上天才と言われるヒトは数多く輩出していますが、いずれも早熟な点で共通しています。ストレス学説を解明したセリエは 19 歳の時の発想であり、中性子理論を問うた湯川秀樹は 27 歳、進化論者ダーウィンも 27 歳で「種の起源」の執筆にとりかかっています。「30 にして聞こゆる無きは恐るるに足らざるなり」という諺がありますが、モーツアルトは 5 歳でミヌエットを作曲し 6 歳で一流のピアニストになっています。新井白石は 10 歳で殿様の書記の役を果たし、ニュートンは 16 歳で光と色に関する学説を発表、アインシュタインは 14 ～ 15 歳で解析・微積を独学で学んでいます。そして歴史に名を残したこれらの人々は、いずれも幼児から並外れて好奇心が盛んで読書や人の話を聞くのを好み知識が豊富であること。健康状態が良好で子供の時は弱かったが大人になって並以上の健康を得た人々であること。正直で信用できる人物で社交性が有り遊びを好むこと。小学校高学年の頃に科学・伝記・歴史を好んだことなど多くの類似点を見出すことができます。また美術家、音楽家など芸術の世界に天才の家系が多いのも大きな特色であり、バッハの家系では 16 ～ 18 世紀に 50 人の音楽家が出ていますし、日本では狩野家が有名です。

　一人の天才が人類に与える恩恵は計り知れないものがあります。パスツールはナポレオンが戦場で殺した人命より遥かに多くの人命を救助したと言われていますし、エジソンの発明は金に換算すると 150 億ドル以上と計算されています。我が国でも松下幸之助氏や本田宗一郎氏の例を見ても、天才の仕事は金に代えられないことは良く理解できると思いますので、民

第3章　人体（からだ）のサイエンス「人間―この不思議な生き物」

族のためにも人類のためにも、天才を見出しそれを育て上げることは大き
な意味のあることではないでしょうか。あなたの子供に該当者はいません
か？あなたは天才を見逃していませんか？あなたは天才の芽を摘んでいま
せんか？あなたは天才を見捨てていませんか？もう一度身近な方々を見つ
め直すことも必要なのではないでしょうか。いずれにしてもこれは「人間
に関するガイダンス教育」として非常に重要な課題の一つだと思います。

　天才かそれに類するスーパースターは、それなりの条件が揃えば育てる
ことができると言われています。その条件とは「努力家であること」「ラ
イバルがいること」に加えて「気力が有ること」です。気力とは「瞬発力・
集中力・持続力」のことで、最近では千代の富士、王貞治、長嶋茂雄、マー
リンズの鈴木イチロー等は抜群の気力の持ち主でしたし、ゴルフ界での青
木功と尾崎将司のライバルは余りにも有名です。しかし彼ら天才プレイ
ヤーの生い立ちを辿った時に、決して偶然に生まれたものでないことは明
白であり、そこに人間として考えなければならない問題が宿されていると
思います。ここではそれぞれの道で偉業を成し遂げ、天才と呼ばれた3人
の足跡を記録に基づいて辿ってみることにしましょう。

（2）天才の事例

「ベートーベン」　ドイツの作曲家ベートーベンは1801年に耳が悪くなり
1818年にほとんど聴覚を失ってしまいましたが、「交響曲第九番」「荘厳
ミサ曲」など有名な協奏曲、交響曲は聴覚を失ってから作曲したものです。
人間は耳が聞こえなくても大脳聴覚中枢は健在であるから「雑音に煩わさ
れずに樂想を練ることができた」と彼は後に回想しています。

　しかしその影には涙ぐましい努力があったことは言うまでも無いことで、
初めは補聴器を用いたが役に立たず、次いで金属棒を口にくわえてピアノ
の弦に触れさせ、音を確かめて作曲したと伝えられています。耳の大事な
部分は頭骨の狭い部分にあり、音は鼓膜からだけでなく周りの骨からも伝
わってきます。特に自分の声は、鼓膜からより骨伝導で聞き取れることが
多いことは、耳に栓をして声を出しても良く聞こえることで簡単に確かめ

ることができますが、それを実践し続けて名声を博したのが「樂聖・ベートーベン」でした。

「**伊藤みどり**」 フィギアスケート世界選手権で金メダルを獲得した「銀盤の女王・伊藤みどり」も天才プレーヤーの一人です。この種目は勝負がはっきり見える競技ではなく、審判員の採点で決まるスポーツであり、技術の他に芸術的優美さが求められるので、体形で見劣りする日本女性にとっては最も苦手な種目でした。彼女は「３回転半ジャンプ（女子でははじめて）」と「５種類の３回転ジャンプ」と言う圧倒的技術力を導入することで見事にその壁を乗り越えることに成功しました。

　高速度の演技中に跳ばなければならない氷上のジャンプは足の捻挫や骨折につながる大変怖い演技です。しかし彼女は、小学生の時からどんな高いジャンプも怖がらずに挑戦する子供だったし、凄まじい練習量をこなすすごい頑張り屋でした。母親一人に育てられる境遇の少女時代を過ごした彼女にはリンクを借りる経費もままならなかったので、昼間は普通に学校に通い、早朝・深夜と言う営業時間外に練習に励むという強行なスケジュールを貫き通してあの偉業を成し遂げたわけで、その人間としての強さには金メダル以上のものを上げたい気持ちがあります。

「**美空ひばり**」昭和 21 年、当時９歳の全く無名の少女が「NHK のど自慢」に出場した時、「子供が大人の歌を唄っても審査の対象にならない」と言われ、某詩人は新聞に「ゲテモノ非難」の文を書き「もの真似のような子供の歌」と厳しく非難しました。「ひばり」の家族は激怒し、この記事を切り抜き「成田山のお守り」に入れ、苦しい時に思い出し戦う気を奮い起こし、切り抜きはぼろぼろになるまで持ち続けたそうで、後に上述の詩人が「ひばり」が唄う歌を作詞した時「私たちは勝ったと思った」と母親が述懐しています。

　彼女は幼少の頃から耳から覚える抜群の才能を持ち、３歳の時には百人一首92首を暗記していたそうです。心にしみ込む言葉・旋律、歌の豊かな表情、作詞家や作曲家の想像を越えた味と解釈を創り出す独創的才能は

第3章　人体（からだ）のサイエンス「人間―この不思議な生き物」

まさに天性のものでした。彼女の一番嫌いな言葉は「器用」という語で「努力しないでできるわけが無いでしょう」と言うのが口癖でした。さまざまな困難に出会いながら戦う気を奮い起こし努力する姿が、時代の精神や人々の姿勢と重なり合って「国民栄誉賞」を受賞したわけですが、その影には涙ぐましい精進があったことを忘れてはならないと思います。

　以上、天才が生まれる条件から始まり、伝説として伝えられる世界の事例と身近な3人の天才の伝記について述べてきましたが、天才とは天から贈られて来る者ではなく、何れの場合も、努力次第で誰でもなるチャンスが有ることを物語っていると思います。

7　大脳 vs コンピューター

　ここで視点を変え、今後長き将来にわたってライバルとして争い続けることが予想される**大脳の働き**と**コンピューター機能**の問題について少し考えてみることにしますが、これは「生物ガイダンス教育」の立場でも今後ますます重要な課題になると思いますので、何らかの形でぜひ取り上げていただければと思っています。いまや世の中はコンピューター時代を迎え、益々進歩するロボットの開発と共に人間社会を大きく変えようとしていますが、コンピューターは大脳を超えられるのか？あるいはもう超えているのではないか？等と言われるまでになってきています。果たして現実はどうでしょうか、ここではそれぞれの特徴について考え簡単な比較を試みてみたいと思います。

（1）大脳について

　大脳の特徴は**パターン認識**が得意で計算は苦手であると言われています。複雑な形を認識し識別することを「パターン認識」と言いますが、ヒトの顔を簡単に認識したり、知人かどうかを簡単に判断することができたり、一人一人皆違うヒトの顔の形を瞬時に判別できるのが大脳の大きな特徴であって、これは現在のコンピューターの遠く及ばない能力だと思います。

しかし特別優れた記憶力を持つ人間が、一生かかって円周率を707桁まで計算したが、途中の桁に誤りが有ったなどと言う話を耳にすると、コンピューターの能力の偉大さも痛感させられることになります。

（2）コンピューターについて

　上述の問題をコンピューターについて考えてみると、円周率については一日に何億桁でも計算できる能力を持っていますが、ヒトの顔を認識する能力については①顔写真を撮る　②その写真を0.1 mm四方の点に分割する　③各点について濃淡色調を測定し1,000万〜1億の数字を得る　④膨大な数字を一定方式で計算し似顔絵を描く　⑤初めの写真と照合し、場合によっては修正して認識する　と言う5段階の操作が必要であり、優れた計算能力に比べて**パターン認識は非常に苦手**であることがわかります。しかも上記操作は、すべてヒトがプログラムを与えてはじめて可能になる認識であり、プログラムなしでは何もできないわけですから、ここにコンピューターの大きな弱点が有ることは明白な事実になります。

　以上のように両者を比較してはっきりわかることは、脳はヒトの顔を点に分解するわけではなく、イメージとして記憶しているために、連想によって次々とイメージが浮かび、それが再会すれば数秒で照合できる能力に結びつくものと考えられて、言い換えれば、ヒトの思考はイメージ思考で、大脳の中にデータ式に記憶されていると言うのが現在の考え方になっているわけです。今21世紀になって、計算の他に理論も扱う第5世代コンピューターの時代を迎えつつあると言われていますが、日本がその開発の主役になり、一日も早く脳との境界を埋めるようになる日が来ることを期待したいと思っています。

　以上、大脳から始まり「知能」から「コンピューター」の問題まで取り上げてしまいましたが、ここではその発展的段階としてその外郭に触れた内容までまとめてみました。ただ現在の生物の授業ではここまでの問題を扱うことはほとんど無いと思いますが、現代の若者の中には将来コンピューターやロボットの開発に取り組む者がたくさんいると思いますので、

第3章　人体（からだ）のサイエンス「人間―この不思議な生き物」

大脳分野を扱う学習の中でぜひ一度はこの分野に係る将来の展望について、レポートを課したり、語り合う機会を持つことが必要な時代が来ているように思われますし、間違いなくこれからの「生物・特に人間に関するガイダンス教育」の重要課題の一つになる内容だと思いますので少しでも参考にしていただければ幸いです。

8　健康を考える

（1）健康な生活を送るためには

　現在健康な生活を送っている若者で、健康の問題を心配する者は持病などの悩みを持つ者か祖父母などの高齢者と同居している場合等、ごく一部の人たちに限られていると思いますが、健康な生活を送ることは、年齢とは関係なく総ての生活の基本的問題であり、ヒトは誰でも、ある年齢に達した時に必ずそのことに気が付き、真剣に考えなければならない時期が来ると思います。したがってここでは、生物の授業で「人体の造りや働き」に関する項目を扱う場合等に、将来健康な体を維持するための道標（みちしるべ）として参考になる事項をいくつか取り上げてみることにしました。なお、健康の問題が語られる時、最近はまず**平均寿命**が話題になりますが、日本人の場合は年々伸び続け今や世界屈指の長寿国として注目を浴びる存在になりその点では全く心配は有りませんので、授業でも、現在の生活を続ける時、自分の健康は自分自身が注意して自信を持って生活することが大切であることをしっかり伝えていただきたいと思います。

　現在国民の関心は、年齢とは関係なく「いかにして心身共に健康な生活を送り続けることができるか」と言う**健康寿命**に集まっていて、それは若い世代からの生活、特に「ストレスの解消」「栄養のバランス」「野菜を多く摂取する食事」「適度の運動」等が大きな影響を及ぼすことは良く知られている事柄だと思います。ただ、若さ溢れる学生時代の生徒たちにとってはまだ考える必要のない問題かもしれませんが、だからこそ人体を扱う

67

授業で喚起を促し、健康問題に少しでも関心を持たせることができれば大きな意義が有るように思われます。そのような観点からここでは、健康に関する最も身近な問題について**日常生活と健康寿命**にポイントを置き「肥満」「ストレス」「覚せい剤」の三点に焦点を絞り「生物ガイダンス教育」としての立場で具体的な問題を交えて考えてみることにします。

（２）健康の大敵＝肥満・ストレス

　最近、年齢・性別とは関係なく「肥満」と思われる方を見る機会が多くなって来たように思いますが、誰もが肥満になりたくてなるわけではなく気が付いたら肥満になってしまったと言う方が意外に多いのではないでしょうか。ただ肥満は、下記で述べるように健康上マイナスに作用することばかりですので、ぜひ原因を調べてその解消に努めるよう努力していただければと思っています。またできるだけ機会を見つけて、授業等でも下記の事項等を参考にして肥満の問題を含めて健康問題について話し合う機会を持つことも非常に意味のあることではないでしょうか。

　肥満が原因で起こり易くなる代表的な病気は**高血圧症**と**動脈硬化症**で、共に命を脅かす恐れのある健康の大敵ですが、高血圧症は、太るとその分だけ血管の全長が長くなるので、その末端まで血液を送るために血圧を高くしなければならなくなるのが原因で起こる病気であり、血管が長くなったために内腔が狭くなった血管が増えることになり、その分だけ動脈硬化症が起こりやすくなると言うことで、両者は共に肥満という共通要因によっておこる病気として知られているばかりでなく、両者共に死亡率を高める大きな要因にもなっていますので、まさに**肥満大敵**と言う言葉がぴったり当てはまる事象だと思います。ではヒトは何故太るのでしょうか。そして私たちは、日常生活に於いてどのような点に注意すれば肥満を防ぐことができるのでしょうか、まず、男性と女性それぞれについて肥満の要因と思われる事項を考えてみたいと思います。

　　ア　何故太るのか？〜男性の肥満と女性の肥満

「動脈硬化症」は男性が女性の７倍を占めると言われていますが、その原

第3章　人体（からだ）のサイエンス「人間―この不思議な生き物」

因は肥満、高血圧の他に、悪玉コレステロール、男性ホルモン、タバコ、糖尿病、ストレス等、多彩な要因が加わるためと考えられています。では太りたいと思っているヒトはほとんどいない筈なのになぜ太ってしまうのか、まず過半数を占める男性について考えると次の二つの要因が挙げられると思います。

① 　**嫁さんの力**：男は結婚して数年後30歳頃から太りだす例が多いが、家の仕事をさせない、旦那をやせさせると世間体が悪い、旦那の実家に申し訳が無い等の妻としての思いやりの影響が大きな要因になっているため。

② 　**仕事の関係**：30代半ばの役付（係長）になると、椅子の脇に手掛けが付き、重々しく振舞わなければならなくなるし宴会が多くなる。さらに40代（課長、部長）になると会社や役所の車で送迎されるようになり決済、会議、宴会の機会が格段に多くなり、それに伴ってかっぷくは良くなるが健康を害する例が多くなること。

このような生活環境の変化に上記要因が重なって肥満が始まるのではないかと考えられています。

次に女性の肥満については、

① 　**年頃肥満**：女性を意識するようになり、食欲はそのままで動作だけがエレガントになるのでカロリー消費量が落ちるのが原因で肥満になるのが一番多いようですが、女性らしく振舞うことは＝なよなよすることではありませんし、太ってから痩せるのは大変ですから快活なお嬢さんでいることが大切なのではないでしょうか。

② 　**母性肥満（妊娠肥満）**：子供を生むと、赤ちゃんに栄養を与えねばとの考えでやたらと食べるようになり、体を動かさないで済むように亭主がやたらと手助けをするようになるので出産の度ごとに太る女性が多くなるようです。

③ 　**更年期肥満（ストレス肥満）**：昔は20歳で嫁に行き、40歳で孫が生まれる時代でしたし、生理が止まる年齢も昔は40歳を過ぎた頃でした

が今は 55 〜 56 と大分伸びているようで時代は変わってきたと思います。「おばあちゃん」の一言で「がっくり」し「私は第一線を退いた」という気持ちになり＝食べることだけが楽しみになって太りだす例が多いようです。人間には食欲と危険を避ける本能よりなる「個体保存」と、セックスに基づく「種族保存」の二つの本能が有りますが、孫が産まれ、更年期を迎えると種族保存は終了して個体保存（寂しさ）だけに目覚めるようになって「やけ食い」が始まり、あっと言う間に太りだす「ストレス肥満」の例が多いと言われています。

以上、人生と直結するいくつかの事象を取り上げてみましたが、健康を維持する上で誰もが考えなければならない問題ばかりですので、「ヒトに関するガイダンス教育」の立場でぜひ取り扱う機会をつくっていただきたい内容だと思います。

イ　肥満大敵＝肥満の予防

戦後日本人の食生活は、肉食、つまり恒温動物の肉を多食するようになりましたが、恒温動物の肉に含まれる脂肪分はヒトの体内で固まりやすく、肥満の大きなきっかけになると同時に、すい臓が肥大し、結腸ガン、直腸ガン、膵臓ガンの要因になることも知られています。イワシ、サンマ、サバ、タラなど良質の脂肪を持つ北洋の回遊魚を多食するエスキモー人にはほとんど動脈硬化症が見られないことが知られていますが、その理由は、南方魚は美しいが毒を持つが回遊魚は襲われる心配が無いから毒を持たないし、冷水中で生活する魚の脂肪は固まりにくいことが主な原因と考えられています。

つまり健康維持のためには、肉より魚を、魚も冷水に棲む回遊魚を、さらに魚よりイカ、タコ、カイ類を、そして動物より植物をというように、なるべくヒトから離れたレベルの生物を食料として食べるように心掛けることが大切だと言うことになるわけです。なお、エスキモー人は北洋魚を多食する（タラをたらふく食べる）オットセイの肉をよく食べる習慣が有るとのことですが、冷水中で生活する回遊魚や生物群を主食とする食生活

第3章　人体（からだ）のサイエンス「人間―この不思議な生き物」

の中には心筋梗塞、脳梗塞、動脈硬化が起こらない非常に有効な予防法が
含まれていることを、これからの日本人は大いに学ばなければならないの
ではないかと思います。

　上述のように、なるべく**ヒトから離れた食物**と言えば当然動物界よりも
植物界ということで「野菜」がベストということになります。つまり野菜
は、軟らかそうでも吸収されにくいので満腹感を感じても太らないし、多
量に含まれる繊維はスムーズな排便を促して便秘を解消するばかりでなく、
発癌物質を吸着して排出するなど健康保持に非常に重要な役割を果たして
くれる食べ物ですので、肥満解消のためには毎日たっぷりと野菜を食べる
ことをお薦めしたいと思います。

　私たちの日常生活でもゴミを出さない日が続けばポリバケツのゴミ（排
泄物）は腐るしバケツ（腸）は痛みます。つまりその日のゴミはその日の
うちに捨てるように心掛けなければなりませんが、その意味で、便秘解消
の役割を果たしてくれる食物が野菜であることをしっかり認識して積極的
に食することが大切だと思います。またそのためには自分の健康状態を
チェックして、自分が肥満かどうかを知っておくことも必要ですので、下
記の２つの**肥満度調査法**で簡単に調べておくことをお勧め致します。

① **ベルト法**：ベルトをあばら骨で結んで下に下げていき、お腹につかえ
　　たら肥満。
② **定規法**：長い定規を腹部と顔に載せ、腹部の方が上がっていたら肥満。

　また**肥満度の標準量**は（身長 − 100）× 0.9 で計算され、身長 165cm 以
下では身長 − 105、165cm 以上では身長 − 110 で、標準量より 10％以上
多いのが肥満と考えられています。

　ウ　早食い肥満と脂肪の摂りすぎ

　肥満度の割合は男女によって大きな違いが有るようですが、性別とは関
係なく「肥満のヒトは必ず早食いである」と言う点で共通しているようで
す。ヒトの食欲は視床下部の食中枢で調節されていますが、食事が始まり
20 〜 30 分経過すると、次第に血糖量が上昇して満腹中枢に「もう食べるな」

71

の指令・信号が出て次第に食欲がなくなる状態になっていきます。しかしさらに時間が経過すると、それに伴って血糖量が低下し20〜30分後には再び空腹中枢に「食べろ」の指令を発するようになることが知られています。

つまり「食欲」とは、この二つの中枢の間を情報が振り子のように揺れ動く現象として説明されていますが、最近の日本人は、消化されやすくて栄養価の高い食べ物を食するようになり、特に早食いの習慣のヒトは満腹中枢が作動する前に何時までも食べ続けて、十二分に食べてしまう習慣が身についた者が増え、それが肥満の大きな原因になっているものと考えられています。

昔から健康を保持するためには、食事は「ゆっくり味わいながら一生懸命噛んで食べよう」と云われて来ましたが、肥満のヒトは2〜3回しか噛まないで飲み込んでしまうのに対して、肥満でないヒトは10〜十数回噛む習慣を身に付けているはずで、結局よく噛むと満腹感が出るので、**やせるためにはよく噛め**と言うのが肥満防止の秘訣だと言われています。肥満気味のヒトはぜひ、日常生活でよく噛む習慣を実行することをお勧め致します。学校給食で生徒と一緒に食事を摂る時、その様子をよく観察してさり気なく注意を促すことも生徒の健康管理に対する教師の大切な指導事項だと思います。

肥満を防ぐためにもう一つ大事なことは**脂肪＝死亡**に通じる脂肪分を摂り過ぎないように注意することです。体内での脂肪分の役割は、コレステロールは細胞膜の柱に、中性脂肪はエネルギーの要に、リン脂質は細胞膜の壁に変化するほかに、ビタミンA、D、Eやステロイド系ホルモン等に変化することが知られていて、特にコレステロールは体重50〜60kgのヒトでは120〜150ｇが標準と言われています。

このコレステロールには、血管壁から脂肪を運び去る善玉（ＨＤＬ＝高分子コレステロール）と、脂肪を肝臓に運び込む悪玉（ＬＤＨ＝低分子コレステロール）の二種類が有り、善玉コレステロールは全く心配ありませ

第3章　人体（からだ）のサイエンス「人間─この不思議な生き物」

んが悪玉コレステロールは動脈硬化の原因になっていますので、毎日の食生活で肉や油等脂肪分の多い食事はなるべく避けるように極力注意することが大切だと思います。なお戦後脂肪分の多い食生活を摂るようになった影響で、日本人の膵臓は2～3倍に肥大し、膵臓の病気が急増したというデータも有りますのでこれも注目しなければならない問題の一つではないでしょうか。

　以上、肥満に焦点を当てて食生活について論じてきましたが、食事は各家庭によってそれぞれの慣習があり、それを改善していくことは非常に難しい問題だと思います。しかし、これから社会人として独立していく若者は必ず自己の健康管理と直面しなければならない時が来るはずですから、その基本となる食事法を身につけておくことは必要不可欠の問題ではないでしょうか。その意味でも「健康に関するガイダンス教育」の立場でぜひ「肥満」について話し合う機会をつくっていただきたいと思っています。

　エ　肥満の解消＝水の効用
「肥満は万病の基」ですから、常日頃から万全の注意を払って生活することは大切で、日常生活に於けるその解消法として、上述のように①食事をゆっくり味わいながら一生懸命噛んで食べること　②人間からなるべく離れたレベルの生物を食物として摂ることの二点を留意事項として取り上げてきましたが、さらにもう一点、非常に重要な問題は「水を上手に飲むこと」だと言われています。論語にも「知者は水を楽しむ」「知者は水を好む」「知恵ある者は水を飲む」と記されているそうですが、では水は健康保持や肥満の解消にどのような効用が有るのでしょうか。

①　**水を枯らすと肌が枯れる**；体内の水を枯らすと肌も枯れてしまいますが水を飲むと健康で美しい肌に若返る。つまり若者と老人では体内の水分量が異なるので、その分だけ肌に違いがみられると考えれば納得できる事例だと思います。

②　**尿の濃度を正常に保つ**；尿の色は健康のバロメーターとも言われ、朝の尿は夜間に水の補給がないので茶褐色をしていますが、日中の尿は

無色に近い色をしています。つまり尿の色の濃淡は水分不足のバロメーターですから、適宜水分を補給してうすい色の尿が出ていれば合格と言うことになります。

③ **膀胱炎の予防**：膀胱炎の原因は冷えではなくて膀胱に大腸菌が侵入して繁殖するために起こる病気と言われています。つまり肛門の後始末が不十分であったり、尿の間隔が長いと細菌が繁殖し易くなるためにおこる病気と考えられていますので、その対策としては尿（下水）を長時間汚れた状態にしておかないで水で十分に洗い流すことを常に心掛けることが大切で、水分補給の重要さを示していることになります。

④ **脳卒中・狭心症の予防**：脳梗塞は水の補給が絶えた明け方におこることが多く、狭心症は濃い血液が心臓・脳の血管にひっかかるためにおこる病気ですから、薬よりも水で治る場合が多いことが知られています。脳や心臓に関する病気には、脳の血管が破れる脳出血、脳の血管が詰まる脳梗塞（脳血栓）、心臓の血管が詰まる心筋梗塞、心臓の虚血性発作で起こる狭心症などが有りますが、ヒトの最重要器官である脳や心臓の保全にはいずれも水が重要な役割を果たしていることは医学的に明らかにされています。

オ　上手な水の飲み方は

では具体的に**水を上手に飲む**にはどうすれば良いのでしょうか。理想は1日2ℓですが努力目標は1日1升（1.8ℓ）と言われています。標準体重のヒトでは500 ml/日（牛乳ビン2.5本）が適量とされていますので、そのためには入浴前にまず1杯、入浴後に1杯、お風呂の中でもう1杯という習慣を就けておくのが一つの良い例だそうです。またお年寄りの同居人がおられる場合には、年寄り健康法のアドバイスとしては　1、寝る前に水を飲んで床に就く　2、夜中に尿瓶にじゃー　3、水差しの水を一杯ゴクリの3点が挙げられていて、**年寄りの枕水＝老人の命を救う**の例えにもなっているくらい重要な問題と考えられていることを伝えていただければと思います。つまりホテルの枕元に水差しが置かれているのも「生活の知

第3章　人体（からだ）のサイエンス「人間―この不思議な生き物」

恵」の一例と考えることができるのではないでしょうか。

お腹がすいたら水を飲め（水っ腹も一時）と言われていますが、魚が水を飲んでも太らないようにヒトも全く同じで、糖分やアルコールが含まれていれば別問題ですが水だけならばいくら飲んでも太らないそうです。また「何も食べないのに太る」と言っているヒトがいますが、ご飯は食べなくてもフルーツを食べると太るので、これはフルーツを食べているヒトに多い事例のようです。ヒトの1日の水分代謝量は発汗量 500 ～ 1,000 ml、尿量 500 ～ 2,000 ml、その他 500 ml の合計 1,000 ～ 2,500 ml と言われていますので、その代謝量に応じて水を摂取しなければなりませんが、水の上手な飲み方の基本は「おいしく、うまく1日をならして1日の必要量1,000～ 2,500 ml を飲む」と言うことになると思います。

　以上、健康な人を対象に水の効用について述べてきましたが、むくみのあるヒト、心臓病のヒト、腎臓の悪いヒト等の水分摂取量は極度に制限されているはずですので、該当する方は医者とよく相談して飲むようにしてください。

　この項目では「肥満」に焦点を絞って生物教育の立場から健康の問題を論じてきましたが、この類の項目は「授業」として改めて取り上げる内容ではなく「消化」の問題を扱う時などに、発展的話題としてばかりでなく、余談、漫談、補足談等として触れるなど講義の中で軽く付け加える方式の伝達法で充分だと思うし、むしろその方が印象に残る話題になるのではないかと思います。

　ヒトは誰でも、日常生活で習慣的に行なっている事象の中に健康維持のために改善しなければならない問題や、すぐに実践できる事柄をたくさん持って生活していると思いますので「良いと思ったことはすぐに実行する」という方針を遂行させることができれば最高の効果を挙げたことになると思います。その意味でも上述の内容をできれば授業で、あるいは「健康に関するガイダンス教育」などの講和の形で伝えることによって、一人でも多くの人々の健康増進にお役に立つことができれば最高の幸せと思ってい

75

ます。ただ、もし肥満で悩んでいる生徒がいるクラスでの授業で扱う場合等には、その取り上げ方に充分注意していただきたいと思います。

（3） 快楽の感覚と覚せい剤の恐ろしさ

ア 「覚せい剤」の恐ろしさと快楽のメカニズム

最近覚せい剤の使用やドーピング問題等によって、オリンピック選手の大会出場が停止させられたり、スポーツ選手や有名芸能人等が検挙される事例が後を絶たず大きな社会問題になっていますが、どうしてここまで普及してしまったのか本当に残念に思っています。ただここまで騒ぎが大きくなると**覚せい剤の恐ろしさ**についての若者に対する何らかの警告や歯止めが必要になってきましたが、人生を破滅させる覚せい剤の恐ろしさについて、生物教育の大脳生理に関する指導の中で下記の内容のレベルで警告を発する指導を考えても良いのではないかと思っています。なお現在知られている覚せい剤は種類も多く、それによって引き起こされる神経系統への傷害のメカニズムも明らかにされており、その概要は下記のように説明されています。

1978 年脳内には気持ちが良い、心がくつろぐ等の快感を生じる脳神経細胞＝Ａ 10 神経と呼ばれる快感中枢（快楽中枢）が存在することが明らかにされましたが、その**Ａ 10 神経の快感経路**は、中脳→視床下部の食欲・性欲の中枢→大脳旧皮質（扁桃核、側坐核）の攻撃力・行動力の中枢→帯状回（前頭葉、側頭葉と本能活動をまとめ精神活動を行なう領域）→前頭前野（前頭連合野＝心の坐・前頭葉の前半）の下層で終わる神経細胞で構成される経路で成り立っていて、Ａ 10 神経細胞経路のどこを電気刺激しても、細胞から**ドーパミン**という快感ホルモンが分泌されて快感を生じることが知られています。そしてこのドーパミンは、チロシンと呼ばれるアミノ酸の一種から作られる物質で脳内ばかりでなく体内にも広く分布していることも明らかにされています。

覚せい剤は精神活動の根源を狂わす恐ろしい物質ですが、ドーパミンにメチル基（CH_3）がつくと、脳に入って**メチルアンフェタミン**と呼ばれる

第3章　人体（からだ）のサイエンス「人間―この不思議な生き物」

覚せい剤に変化することが知られていますので「覚醒アミン類」として人工合成が可能な物質でもあるわけです。そしてこの覚せい剤は脳に入ると直接的にはドーパミン同様に働き、間接的にはドーパミンの活動を促進して覚せい剤中毒を起こすことも知られています。覚せい剤にはいろいろな種類が有りますが、いずれも中枢神経の興奮、疲労感の消失、覚醒効果による幸福感等それぞれ症状に特徴があり、しかも乱用しやすく、神経組織と親和性があり、麻酔作用も伴うので不安緊張感を消失させるのに効果があり、手軽に使用されやすい薬剤として注目されています。しかし一歩間違えば「脳内ドーパミンの過剰活動による精神分裂症」や「精神分裂病状になる覚せい剤中毒」など「精神活動の根源を狂わす恐ろしい物質」にもなる点で共通していますので、絶対に接触してはならない薬剤なのです。

　以上が人体に及ぼす覚せい剤反応に関するメカニズムの概要で、現在の生物教育では扱われていないハイレベルの内容ですが、これだけ大きな社会問題になってきている現状を考えると、少なくとも高等学校では対象に応じて、何らかの方法で**しくみの概要と弊害**及び**人生を狂わす恐ろしさ**について伝えることが必要な時代が来ているようにも思われます。これも今後の教育界の一つの大きな研究課題ですので「生物ガイダンス教育」でもぜひ取り上げ方を研究していただければと思っています。

　イ　夜更かしは「おませ」をつくる

　大脳と小脳の間の脳幹部の上方に、外界の明暗によって活動が左右される松の実のような形をした**松果体（松果腺）**と呼ばれる小さく突き出た腺が有りますが、ここから、性腺の活動を抑制し、精神を安定させる働きを持つ**メラトニン**と呼ばれるホルモンが分泌されています。そしてその**松果体の活動**は、明所（昼間）では抑制されるのでメラトニンの分泌量は少ないが、暗所（夜間）には活発になりメラトニンの分泌量が増加することが知られています。つまりこの松果体は、光の刺激が目に入ると、脳内の複雑な経路を経て脊髄に伝わり、首の部分で交感神経に移行して頭蓋に戻り松果体に移行することも明らかにされています。

77

ヒトの生殖活動調節のしくみは、視床下部にゴナドトロピン（生殖腺刺激ホルモン）が働いて脳下垂体前葉を刺激し、さらにゴナトロピンが作用することによって生殖腺が刺激されることになりますが、その何れの段階でも、**松果体（松果腺）**から分泌されるメラトニンが抑制的に働くことによって全体のバランスが調節されていることが明らかにされています。つまりこのメラトニンは、夜間に多く分泌されて生殖腺の発育や活動を抑制し、精神を安定させる役目を果たしているわけですが、**松果体**は思春期になると退化・消失することも知られていますので、若者たちの成長や生活に大きな影響を与える重要な役割を果たしている大切な器官ということになります。

　とかく現代社会では夜更かしをする人間が増え、町では夜遅くまで光が煌々と輝き、テレビを見て夜更かしをするヒトや受験勉強で夜遅くまで頑張る若者が増加していますが、それに伴ってメラトニンの分泌が阻害され、その結果性腺の発育が促進されて、その器官での活動が活発になった早熟な人間が増加するのは当然の成り行きと言えるかもしれません。夜更かしの習慣の有るヒトはどこかいらいらしているし、**夜更かしはおませをつくる**とも言われていますがそれは事実かも知れません。しかしメラトニンが直接性腺の発育を抑制するのではなく、上述のように、性腺は脳下垂体前葉から出る性腺刺激ホルモン＝ゴナトロピンの支配を受け、ゴナトロピンは視床下部から分泌されるゴナドトロピンによって調節されているわけですし、松果体が退化した大人ではメラトニンは分泌されなくても生殖活動は適度に調節されていますので、思春期の若者たちは、少しでも早い時期に、自力で自立するための生活のリズムを確立するように努力することが大切であり、それを意識させる意味でも「生物ガイダンス教育」の立場でこの種の問題を取り上げる機会を考えていただければと思っています。

（4）ヒトの日常生活と健康との関係

ア　短命村と健康長寿村

　以上、肥満、ストレスに始まり、快楽の感覚から覚せい剤の問題まで発

第3章　人体（からだ）のサイエンス「人間―この不思議な生き物」

展させて健康について考えて来ましたが、どんな人間でも一番希望し夢見ているのは不老・長寿の人生を歩み続けることだと思います。

　日本では戦後しばらくの間は人生50年の時代が続き、つい30〜40年前までは50〜60代までの寿命だったのが、ここ30年ぐらいの間に70年代から80年代へと急速に延び、遂に現在では男性が79.5歳、女性が86.4歳とそれぞれ世界一の長寿国にまでなることができました。しかし同じ国内でも県や地方によって大きな地域差が有り、上述の単なる「平均寿命」だけではなくて「健康寿命」が問題にされるようになってきています。日本国内同様、広い世界には長寿国もあれば短命の国も有りますが、自分が生活している環境条件の何が、そこで生活する住民の寿命を左右しているのか、その違いを生み出す要因は**短命村**と**長寿村**に大きく二分して下記のように要約できると考えられています。

　イ　**短命村**の条件

　　1、水や空気の質が悪い

　　2、気候や居住環境が良い

　　3、労働がゼロに近い

　　4、ストレスが多い

　　5、食べ物が豊富で飽食状態である

　　6、野菜の摂取量が少ない

　　7、肉食中心の食生活でタンパク質を大量に摂取している

　ウ　**健康長寿村**の存立条件

　　1、水や空気の質が良い

　　2、気候がやや厳しい

　　3、労働がややきつい

　　4、ストレスが少ない

　　5、大食ができない（摂取カロリーが少ない）

　　6、野菜の摂取量が多い（イモ類、海藻類を含む多くの種類の野菜を食べる）

7、美食ができない（摂取タンパク質量が少ない）

　上述の７つの条件の中には、気候条件や水のように人為的には不可抗力の問題も有りますが、労働にはなるべく励むように心掛けてストレスを少なくするように努力し、食生活にも注意するなど、自分の置かれた環境の中で、各自が可能な範囲で前向きの努力を続けることが、誰もが期待する健康寿命を左右する条件の総てになるのではないかと思われます。

　以上「ヒト」に関する問題を、「人類の特質」「ヒトの誕生と成長」「知能と行動」から「健康」の領域まで現代人が直面する話題を中心に取り上げてきましたが、主目的が**ガイダンス教育への導入**ですので、内容、分野ともに表面に触れた程度の浅いレベルに過ぎないと思います。しかし、本書の目標は「ガイダンス＝学究への道を拓く」ことですから、読者の方々の研究推進の糸口を開くことができれば、十分に役割を果たせたことになりますので、それぞれのアドバイスを「生物ガイダンス指導」のまとめの資料として少しでも多くの方にご活用いただければ幸いと思っています。

引用文献及び、参考文献

新井康允著	男と女の脳をさぐる	東京図書
千葉康則・小峰佐利美共著	やわらかい脳とかたい脳	三笠書房
太田次郎著	生命の不思議	同文書院
太田次郎著	早すぎた二足歩行	光文社
角田忠信著	日本人の脳	大修館書店
エドワード・テボノ著 箱崎総一、青井寛訳	頭脳のメカニズム	ブルーバックス

第 4 章　環境問題を考える

はじめに

　先般「自然と環境」のテーマで社会教育関係の講演を頼まれましたが、余りにも大きなテーマなのでできるだけ多方面から情報を収集し、まず現状を把握することから準備を始めました。しかしそのような目で新聞等の情報資料に着目すると、ほとんど毎日何らかの形で環境問題に係わる記事が誌上を賑わしており、内容も多種・多様な立場の方々が「環境問題は今行動の時」「誰が環境保全を担うのか」など、極めて具体的な形で問題を提起している点が特に注目されました。そのほか「オゾン層破壊と紫外線」のような大気汚染に関する記事、釧路湿原を中心とした環境保全に関する内容、及び水質汚染に関する諸問題など対象分野は極めて広く、国際レベル、国レベル、行政レベル、教育レベルからホタルを蘇らせる研究や銘木を守る内容などの個人レベルの問題まで扱われており、環境問題がいかに重要で話題性に富む内容であるかを改めて認識させられました。またこの分野の出版物も多種多様に亘り、そのほとんどが環境汚染に関する問題であることを見聞し、国家的な大問題として国民一人ひとりが個のレベルで是を受け止め適切な対処の方法を真剣に考えなければならない時代が来ていることを痛感させられました。

　講演資料を作成するに当たり、当初は豊かな自然や美しい環境を対象にした話をすすめるつもりでいましたが、資料収集が進むにつれて綺麗事ばかりではどうにもならない時代になっていることを再認識し、急遽汚染を中心とした内容に切り替えることに決めざるをえませんでしたが、その際大きな衝撃を受けたことは、現在の生物教育（生態分野）で扱われている環境問題が、余りにも現実とかけ離れた表面的、羅列的内容に偏っていると言う事実を再確認したことでした。

　そこで私は、この機会を利用して地元町内の汚水処理場や配水場の見学を思い立ち早速訪れてみましたが、係りの職員の説明を受けながら広大な

第4章　環境問題を考える

写真10　壬生町汚水処理場　　　　（水槽の一部）

　施設を巡回し改めて人間の生活と直結したその役割の重要性を強烈に認識させられました。現在国民の生活と直結する水資源や平地林再生の問題は、都会のみならず多くの市町村で取り上げている重点課題の一つになっていますが、河川生態系、海洋生態系、水田生態系、生活排水、国・県の国立公園など、国、県、市町村が積極的に取り組み始めた身近な問題を、汚染や公害に偏ること無く、あくまでも生態的な環境教育の立場から授業や研修会等で解り易く扱うことが、国家のためにも、将来の国政を担う中・高校生のためにも大変必要なことではないかと考えられるわけです。しかしこれ等の課題をこれからの生物教育の中に採り入れ、授業などの中でどのように生かして行けばよいのかは非常に難しい問題でありいろいろな立場からの検討を要すると同時に、時代の変化に順応して臨機応変に対応していかなければならない複雑な課題でもあると思いますので、その大問題にアプローチする手掛かりとなる**自然に関するガイダンス教育**の第一歩として、ここでは現在環境問題として最も注目を集めている**森林生態**と**水質汚染**の事象に焦点を絞り、これを生物教育等に導入する場合の検討項目として選び考察を加えてみることにしました。

　なお、本章では、栃木県の誇る「日光国立公園」について、車窓からでも直接観察することができる「湿原→草原→森林→極相林」へと変化していく生物学上の歴史的**植物群落の変遷過程**を少しでも多くの方に見ていた

83

だきたく、一項を設けてその概要を紹介させていただきましたので、観察
会や研修会等にご活用くださるようお願いいたします。

1　環境教育の課題

（1）環境教育誕生の背景

　私たちは科学技術の発達を手段とし今日の高度成長を成し遂げ、素晴ら
しい文明社会を築き上げ豊かな生活を享受することができるようになりま
したが、今にして思えば**人間も生態系の一員である**という認識に欠けてい
たために、生産系から排出される汚染物質や生産物そのものの処理に関す
る努力を怠り、自然界の循環や生態系の秩序を乱して今日の環境破壊を進
行させてしまったのではないかと思うわけです。そしてこのような環境破
壊や環境汚染の原因となっている人間の活動については、特定の社会集団
の利己的あるいは思慮に欠けた行為に基づくものとされ、それらの行為を
禁圧することによって問題を解決することができると考える向きが多かっ
たのではないでしょうか。

　しかし、社会生活を営む全ての人間が、環境問題の加担者であると同時
に被害者であることや、環境汚染を突き詰めていけば、自分自身の身近な
環境を汚すことからはじまるものであることを考えると、これは単なる企
業等だけの問題ではなく各家庭や個人にもそれぞれの責任があり、我々ひ
とり一人が環境を汚さないように留意することが何よりも大切なことであ
ること、そしてそれが結局は個人の集団である企業や社会まで動かす力に
なって還元されるものであることを考えなければならない時代になってい
るのではないかと思うようになりました。

　人間が環境を汚すような行動は、ほとんど無意識的か習慣的に繰り返さ
れることが多く、しかも直接他人を傷付けたり損害を与えたりするような
性質のものではないので、意識の中に浮かんでいても、それを現実の問題
として捉え改めることが困難な場合が多いのではないかと思います。した

がって全ての人間に対して、自分だけがよければという利己主義から脱却して、良い意味での個人主義を身につけさせるような精神的な改造が何よりも必要なことであり、ここに環境問題に対する人間教育、すなわち「教科ガイダンス教育」の重要な役割が存在するのではないかと思われます。

　このような考え方は、ストックホルムで開かれた「人間環境会議」で立てられた「環境教育の構想」にも反映され、①環境教育は全ての人間を対象とするものであること。　②環境教育の目的そのものは決して高度のものではなく、人間ひとり一人が環境に対して責任を持ち、環境を守るために行動するようになることを目的としていること。　③環境教育の方法としてはこれまでの学問や教育の枠に拘ることなく、学際的なアプローチと多元的な情報メディアを必要とすること、などと述べられていることでも明らかなことだと思います。

　このように環境問題を取り巻く内外の情勢は急速な変化・進展を示していますが、わが国の環境教育が社会問題に対して早急な結論を求めようとする傾向が比較的強いように言われているのに反して、環境教育の先進国と言われるアメリカでは、環境問題に対する基礎的な理解と基本的な見方、考え方を養うことに重点を置いた指導を行なおうとしていることは大いに注目すべき事柄ではないかと思われます。

　以上のように環境問題は未だ歴史が浅く、国によって全く事情が異なるばかりでなく、同じ国内でも大都市と地方都市及び、郡部や農村地帯、山間部や観光地等によってことごとく問題の対象が違ってきますので、それだけに一般社会レベルでの対応はもちろんのこと教育レベルでの対応も非常に難しくこれからの大きな研究課題と言えるのではないかと思います。したがって教育の場で生徒に環境問題について関心を持たせるためには、環境問題が抱える現状と課題及び、それに関連する具体的な内容や方策を、「教科ガイダンス教育」の立場でどのような方法でどの程度まで伝えればよいのか、現在はもちろんのこと、これから先長い将来にわたって検討し続けなければならない重要な課題と言えるのではないでしょうか。

（2）環境教育の現状と課題

　環境問題については最近、「大気汚染」や「水質汚染」の問題がグローバルな立場で話題にされるようになって来ていますが、残念ながら現在のわが国ではまだ、自然や環境についてのあるべき姿、環境教育の態勢や目標についてのはっきりした合意は得られていないように聞いています。事実現在の生物教育（生態分野）で扱われている環境問題に関する内容を見ても、余りにも現実とかけ離れた表面的、羅列的内容に偏っているように思われてなりません。

　近年「生態学」は環境問題と結びついて目覚しい発展を遂げ、一般人の認識も急速に高まってきているはずですが、生物教育で扱う内容については、まず生態系の説明で始まり、集団の構成、変動、相互関係と進み、植物群落、遷移、分布と展開されるストーリーでほぼ統一されているのが実情のようです。しかも寄生、共生、食物連鎖、プランクトンの変動、さらには植物名が羅列されている群落に関する諸問題等、地方都市や農村に住む者でもほとんど目にすることができなくなった生物群や生物種を対象とした記述、内容で埋められている教材に基づく学習指導に対して、果たして今の中・高校生の何割の生徒が興味・関心を持つようになるのか大きな疑問を感じさせられるのは私だけではないと思います。

　上述のように、現在の生物教育で扱われている生態学の内容は、自然破壊や環境汚染については一般論に終始して具体的な内容や課題はほとんど触れられていない状態ですので、そこに発展的内容として現実的問題を加入させて授業で扱うのは大変難しいのではないかと思われます。したがってもし環境問題に限らず各科目での学習指導に関する教授内容について、生徒の関心を高めるためにより発展的な内容の指導まで考えたい場合には、臨機応変に話題提供のための具体的な内容や資料を作成しそれを授業で配布する指導方策をとることになりますが、後述の水質汚染に関する資料等は、そのような機会に活用できる専門的レベルの内容を含めた資料の一例ですので、ぜひ場面に応じて有効適切に活用していただければと思ってい

ます。そして「生物」とは限らず、「環境問題に関係する教科によるガイダンス教育」の立場でできるだけ早くこのような具体的な課題を処理する体制を確立することが必要ではないかと思われます。

　私自身が環境問題に異常な関心を持つようになったのは、最初に述べたように地元町内の汚水処理場を見学しその仕事の重要性を認識させられたことがきっかけでしたが、この「水質汚濁の問題」は現在、水資源や平地林再生の問題と共に大都市のみならず全国各地の市町村でも取り上げている重要課題の一つであり、河川生態系、海洋生態系、水田生態系、生活排水などと併せて国を挙げて積極的に取り組み始めるようになってきていますので、生物学の講義の中で、汚染や公害に偏ることなく上記の諸問題を、あくまでも生態的立場から解かりやすく扱うことが中・高校生のためにも、また国民のためにも大変必要なことではないかと考えるわけです。

　今こそ教育界では、早急に環境教育の基本的な概念の確立につとめるとともに、下記5項目について地域社会の実態や子供の発達段階に応じた適切な指導資料を作成し、それぞれの最終到達目標を明確に示して発展的系統的な教材化を図る努力をしなければならない時代が来ているのではないかと思います。

① 「環境教育」の目指すべき理念を早急に確立し、それに基づく適切な目標を設立する。

② 小・中・高等学校の教育課程の中での「環境教育の位置付け」を広い立場から研究吟味する。

③ 各教科や科目間で扱われている分野や領域の関連を密にして、「環境教育」に関して総合的視野と判断力を持つ生徒の育成を目指す。

④ 「環境教育」に関する各教科や科目、及び各分野や領域毎に相談して、関連するチーム間で具体的な目標や内容及び、指導計画を作成する。

⑤ 「環境教育」に関する各教科や科目で行なう指導法や評価及び、問題点や留意点は、常にお互いにフィードバックし合いながら指導の改善に努める。

写真11
わずかに残る平地林もこのように荒れた状態になっているところが多い

　以上、課題山積の環境教育の現状と課題及び、今後の対策についてその概要を述べてきましたが、ここでは、これらの諸問題を新しい生物教育の中で生かしていくために**環境問題を教育現場でどのように取り扱えばよいか**について具体的な方策を模索しながら考えてみたいと思います。

　関東平野北部から日光・那須連山一帯を占める栃木県でも、この50年間にわが郷土下都賀郡をはじめ、武蔵野の面影を維持し続けてきた平地林はほとんど姿を消してしまいました。昔は、落ち葉は堆肥に、雑木は薪やシイタケの原木に等見事にリサイクルされていたのに、今は全く収益があがらないことから、手入れする労働力も得られず放置されるか、宅地として利用されるかになり急激に消滅していったものと考えられます。しかし高温多雨の気象条件に恵まれたわが国だからこそ、長年に亘り残り続けて来た緑豊かな平地林の景観が自然界にどのような恩恵を与えてきたのか、環境保全教育の必要性を念頭に置いて、森林環境の重要さを振り返りながら環境とヒトとの係わり合いについてもう一度「教科ガイダンス教育」の立場に立って考え直してみなければならない時代が来ているのではないかと思います。

第4章　環境問題を考える

2　環境にかかわる諸問題

（1）自然環境の実態

　サギソウ、ウチョウラン、アツモリソウ、シラネアオイなど、植物愛好家たちの最愛の植物がほとんど絶滅に瀕していることはよくご存知のことと思います。乱獲、伐採によることが大きな要因であることは言うまでもありませんが、保護しても守れるとは限らないところに問題の難しさが有り、開発等手を加える前に生態系の仕組みを十分に検討し、環境保全のあり方を模索しておくことが必要不可欠な手順であることは論を待たないことだと思います。

　それにしても奥日光の「いろは坂（低山帯・下部）」と「金精道路（亜高山帯）」沿道の植生状況の大きな違いの実態を探索して何時も反省させられることは、いずれも生態系を根底から揺るがす大工事でしたが、低山帯（いろは坂）の植生は自力でほぼ完全に復元されていますが、亜高山帯（金精道路）の植生はほとんど回復できない状況にあると言う実態の現実です、つまり、「開発か環境保全か」の議論の前に、事前の研究がいかに大切かを痛感させられる典型的な反省事象の一つではないかと思われます。

（2）環境教育へのガイダンス

　その意味でまず、各学校にお願いしたいことは、理科や生物の授業を利用して生徒と共に地元の名所や旧跡等自然環境の面影を残している地域を訪れ、例え適地が無くても公園や寺院など自然環境かそれに近い自然状態が残されている場所を活用して具体的な環境調査や環境保全に関する観察実習を行ない、それぞれの場所に於ける**自然環境保全の状況**について長所、短所、合格点、改善を要する点等を直接検討、評価し合う等、自分が住む生活環境の自然状況を見つめ直す具体的且つ積極的な現場指導を試みていただければと思っています。そしてできれば身近に在る国立公園など環境保全の対称になっていて自然の生態系が残されている地域が有れば現場を

訪れ、雄大な大自然の実態を観察させるなど、教室内でのお話生態学では
なくて**自然環境の実態視察**を直接体験させ、生徒の自然への関心を深めさ
せていくことが環境問題に関心を持たせる大きな第一歩になるのではない
かと思いますし、将来、いろいろな立場で自然環境整備関係の仕事に携わ
る場合でも、その基本的観察力を身に付けておけば必ず役立つ面が多いも
のと思われます。言うまでもなく生態学や環境科学は自然との触れ合いが
不可欠の学問分野ですので、指導過程の中に上記のような現場での観察実
習を加えることを第一に考えた指導を心掛けていけば必ず、自然な形で実
践的な環境教育の定着へと繋がっていく道筋が築かれていくのではないで
しょうか。その意味でもこのような現場指導がより必要な時代になってい
るように思われますので、**環境問題に関する教科ガイダンス教育**の立場か
らもぜひご検討いただきたい課題だと思っています。

3　森林環境の効能

（1）涼しい森

　山の小道は何故涼しいのでしょうか？これは山道を歩いたことがあれば
誰もが体験することができますが、あのスポンジのような弾力性に富む地
面の感触と共に多くの方が経験したことが有る心地よい思い出の一つだと
思います。もし経験のない方がいたらぜひ、山道でなくても緑深き公園等
を散策してみてください。同様の感じを受け取ることができると思います
が、その清涼な感触成立のメカニズムは下記のように説明されています。

　森林土壌は腐植という有機物が豊富なために羽根布団のようにやわらか
い団粒構造が発達し、肉眼では見えない小さなものから指が入るくらいの
大きさのものまでさまざまな孔隙がつくられ、抜群の透水性、保水性が維
持されるようになっていることが知られています。この孔隙により雨水は
地表を流れずに地中にしみ込んで孔隙に溜り、時間をかけて川に流れ、一
部は土壌中に保持され植物に利用されているわけで、森林は優れた保水性

を有する**緑のダム**と呼ぶことができると思います。また地表から 40 ～ 50 cmの深さで地温の日変化はなくなるので地下水の温度はほぼ一定に保たれ、森林内の気温が低いので林内の渓流は川に出てもわずかに水温が上昇する程度の冷水として保持されていることになります。山を訪れた時に水飲み場が有ればぜひ冷水を口にしてみてください。

　古来**名水**と呼ばれるおいしい水の条件は　①よく澄んでいてにおいや味がない。　②適度な量のミネラル（Ca、Mg など）、二酸化炭素、酸素が溶けている。　③冷水である。の三点で、山麓の湧水はこの条件をすべて満たしています。つまり森林内の雨水は　①砂、粘土、有機物を通る時ゴミが吸収される。　②ゴミは微生物や小動物によって分解されガスとして放出される。　③ミネラルは粘土や有機物のイオンに引き付けられてゆっくり移動し微生物や根に吸収される。　④微生物や小動物が CO_2 を排出水に溶け込ませる。　⑤地温の変化が少ない。つまり「名水」とは森林内土壌による天然の浄水器で濾過されて「私たちの喉を潤してくれる水」と言うわけで、総て自然環境自体の効能によって作り出される現象なのです。

　では何故森林は涼しいのか、地球に降り注ぐ太陽・大気からの放射エネルギーは地上数メートル以上の樹冠部で熱エネルギーに変換されますが、その熱エネルギーの多くは蒸発・蒸散によって水を蒸発させるのに使う「潜熱」に変換され、気温を上昇させるのに使う「顕熱」にはほとんど変換されません。したがって樹冠と地表との空間の気温・湿度の変化は少なく森林の涼しさが維持されるものと説明されています。学校の運動場などでも1本の大木が有るだけで運動部員のオアシスになり得ると言う話を聞くことがありますが、森林環境はまさしく**天然のクーラー**と言えるわけです。もし学校の敷地内にそのような場所があれば必ず、無くても近くの公園など樹木の多い場所が有れば環境教育の第一歩として生徒を連れて直接現場を訪れ、森林や樹木の効用を実地体験させ、直接現場での環境に浸りながらそのメカニズムを解説する指導を行なっていただければ最高の教育効果を挙げることができるのではないかと思います。とにかく環境科学教育の

第一歩は「現場で学ぶこと」ですから、それなりの事前調査などの研修準備は大変だと思いますが、山間部等に出向かなくても学校内や近辺に林や植物園かそれに類する場所が有れば、実習地としてフルに活用する指導をぜひ実践してみてください。予想外の学習効果を挙げることができるのではないかと思われます。そして生態分野ではこのような実践的指導の導入こそ「環境問題に関する教科ガイダンス教育」の重要な課題の一つになるのではないでしょうか。

（2）静かな森

　森林のもう一つの特徴は「静けさ」を保つ環境を作るということです。騒音を防ぐ条件は　①音の発生源から離れること　②音を遮るものを作ること　の二つで、森林はこの両者を兼ね備えている点で誠に優れた防音装備ということができます。しかも小さくなった騒音は、樹林の葉擦れ音や小鳥のさえずり、小川のせせらぎ等の快い音で覆い隠すことができるので、不快感を和らげる大変優れた環境を提供してくれていることになるわけです。なおこれらの防音機能は、樹木の丈が高いほど、立ち木の密度が大きい程、枝葉が地上近くまでついている程有効に働くので、当然豊かな森林ほど防音効果が大きくなることになります。

　森林環境によるストレス解消効果については、騒音ばかりでなく最近は植物や動物から放出され、他の生き物に影響を与える**フィトンチッド**が大きな話題になっていますが、これは「生活活性物質」の総称で、森林の空気をすがすがしくし、おいしくする森林浴の源であることが最近の研究で分ってきました。このように、樹木の緑が疲れた目を休ませ、**フィトンチッド**が疲労回復を早めストレス解消に役立つということになれば、豊かな緑地帯を持つ生活環境こそ現代人にとって不可欠の生態系＝オアシスであることを改めて認識しなければならないと思います。

　何れにしても、生態学やそこから発展した環境科学は優れた自然環境を醸し出すメカニズムについて学ぶ学問分野ですので、「森林の静けさ」を学ぶ学習と同様にできるだけ現場を訪れて実地体験をすることが必要なわ

けですが、この問題についても、もし学校内か近辺に森林か大樹、或は寺院等でそれに近い環境が有ればぜひ現場を訪れ、自然との直接の触れ合いを通して環境に及ぼす樹木の影響等についての体験学習を実践していただければと思っています。現在は、わずかに残されていた平地林や雑木林等の自然環境も次々と姿を消しつつありますが、幸いにも全国各地の多くの都道府県で、美しい自然環境が国立公園や県立公園、あるいは市町村の公園等として保護され昔ながらの自然景観をそのまま残している地域がまだたくさん有りますので、地元や近場にそのような山紫水明の地が在ればぜひ「環境問題に関するガイダンス教育の場」としてご活用くださるようお願い致します。

（3）地球温暖化の課題

　以上森林環境の効能について身近な例を挙げ、まずその学習法について触れてきましたが、現在グローバルな立場で最も注目されているのが**CO_2による地球温暖化の問題**です。地球全体でみると現在毎年九州全土に匹敵する面積の熱帯林が消失していると言われていますが、それが単に東南アジアやアマゾン流域の問題だけで済まされているのではなく、即地球規模でのCO_2濃度の変動に影響している点が重要な問題ではないかと思われます。1 kg の植物体を作るのに 1.6 kg のCO_2を吸収し 1.2 kg のO_2が放出されると言われていますし、また 1 ha の森林は 15 ～ 30 t のCO_2を吸収し 11 ～ 23 t のO_2を放出するとされていますが、これは何と 40 ～ 80 人の呼吸に必要な酸素量に相当することになります。つまり森林の木の幹は、巨大な二酸化炭素の貯蔵庫であり、森林環境は巨大なガス交換器に当たるわけですから、地球を取り巻く大気の組成を将来にわたって現状のまま維持し続けるためには、世界の人々が手を携えて残された緑地帯を守り抜く英知と行動力が今、次代を支える若者たちに強く求められていると思わなければなりません。

　つまり地球レベルで考えると、地球全体の環境問題はかなり深刻な事態を迎えつつ有りますし、それを救う道は学校で行なう環境教育を通して、

地球の将来に関心を持つグローバルな人材を一人でも多く育成する手段しかないのではないでしょうか。つまり現実の問題として、現代社会で生きる身近な人たちで、人類存亡の危機意識を持って生活している人間はほとんどいない状況だと思いますのでぜひ、環境教育の場で若者たちにその深刻な現状を伝え、ただ単に環境問題に関心を持たせるだけでなく、残された貴重な自然環境を有効に活用した上述のような環境教育の実践を通して、グローバルな立場で地球の将来を考え地球の危機を救うことができる人材の育成を真剣に考えていただくことが、何よりも必要不可欠な現実的課題ではないかと思っています。その意味でも**環境ガイダンス教育の実践**は重要な責務を担っていると言えるのではないでしょうか。

4 雄大な大自然の場で生態学を学んでみよう ＝「奥日光・植物生態系」の探索

　最初の段階で述べたように、日本国内のどこの市町村でも、身近な生活圏内で普通に見られた平地林や雑木林等の昔ながらの環境は次々と姿を消してしまいましたが、幸いにも全国都道府県の多くの地域で国立公園や県立公園等として自然環境が昔のままの姿で残され、大自然の生態系が保存されている地域がまだたくさん有りますので、地元や近辺にそのような山紫水明の地が在ればぜひ、自然探索の場として生徒と共に訪れ雄大な大自然を満喫しながら生態学に親しむ機会を作っていただきたいと思います。その意味でここではまず「自然を知る、そして自然と親しむ」ことからスタートすると言う趣旨の第一歩として「まえがき」でも述べたように研修目標の達成にぴったりの自然探索の場、即ち**植物群落を学ぶ最高の自然観察地**と称されている栃木県の**日光国立公園の植物相**について紹介させていただきます。

　日光国立公園は昭和25年に那須、塩原、鬼怒川、川治等を加えて面積1,150k㎡の地域に広げられましたが、その中心が「日光」で、約1万5,000年前の男体山の大噴火による溶岩流が大谷川をせき止め華厳の滝、中禅寺

第4章　環境問題を考える

湖、竜頭の滝、戦場ヶ原から湯元に及ぶまでの千変万化の絶景を造り出したと言われています。そして現在、中禅寺湖付近から上を「奥日光」と呼び、男体山（2,486 m）を中心に2,000 m級の山々が並び、その一帯を構成する高原、湿原、湖沼、滝、渓谷等に富む複雑な地形は多くの動植物の生活を可能にした素晴らしい生態系を形成し続けています。一般に大自然で形成される植物群落を生態学の立場で観察する場合　①土地の高度との関係から見た植物の分布を示す「垂直分布」　②地球表面の水平方向の広がり（緯度）で見た植物の分布を示す「水平分布」　③植物群集が一つの方向に向かって不可逆的に変化する「群落遷移」の三つのポイントがありますが、その観点から見れば、日光地区の限られた地域のみが対象の場合には　②の水平分布は該当しませんので、ここでは当然　①と③が対象項目ということになります。そのような視点で考察すると、まず①の「植物垂直分布」については、低山帯下部の「いろは坂」から低山帯上部の「湯元」までの一般的な観光コースでは亜高山帯の入口までの変化しか観察できず、そこを経由してさらに金精峠を越え、菅沼から白根山の山頂近くまで登らなければその全貌を見ることができませんので、残念ながら一般向きのコースとは言えないと思います。しかし③の**植物群落の変遷**については、中禅寺湖畔から戦場ヶ原までの過程で、数千年にわたると推定される歴史的な植物群落の変遷過程の全貌を直接観察することができる類のない

写真12　いろは坂ゲート付近
　　　　―低山帯下部の景観

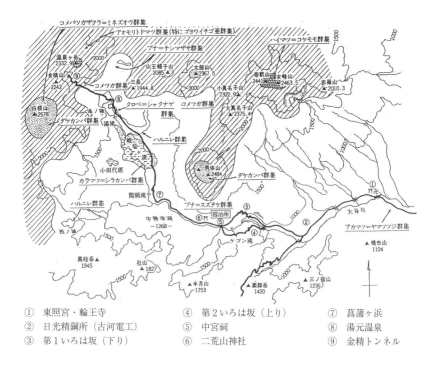

① 東照宮・輪王寺　　　④ 第2いろは坂（上り）　　⑦ 菖蒲ヶ浜
② 日光精銅所（古河電工）　⑤ 中宮祠　　　　　　　　⑧ 湯元温泉
③ 第1いろは坂（下り）　　⑥ 二荒山神社　　　　　　　⑨ 金精トンネル

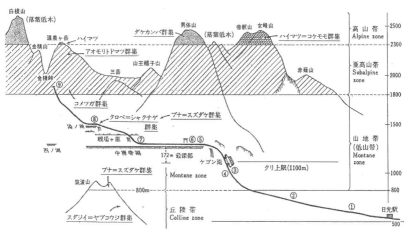

図14　日光の樹木を中心とした植物分布（『日光の植物』より）
　　　上：平面図、下：側面図（国道120号以北の連山）垂直距離（高さ）／水平距離 ≒ 2/1

第 4 章　環境問題を考える

コースですので、当然それが日光来訪者向けの最重要探索ポイントということになります。しかもその概要を「バスの窓外から直接観察することができる日本唯一の観光地」としても高い評価を受けていますので、ここではまず、低山帯下部（鳴虫山、女峰山・赤薙山の裾野一帯を占める標高 500 〜 1,300 m の地帯）から低山帯上部（中禅寺湖畔と戦場ヶ原及び、湯元付近一帯を占める標高 1,300 〜 1,700 m の地帯）までの**低山帯の植物生態系の変遷過程**を中心とした自然観察の重要なポイントとその見所について述べてみたいと思います。

（1）「低山帯植物相」観察のポイント

　日光地区の低山帯下部は、海抜 550 m の日光駅を経て馬返し（833 m）から「いろは坂」を登りつめて「中禅寺湖畔（1,268 m）」に至るまでの地域を指しています。馬返し周辺の山々は「リョウブ」「ミズナラ」が中心で時々「モミ」が観察される本州中央部で普通に見られる典型的な広葉落葉樹林帯で構成されていて、馬返しと明智平の中間 1,100 m 付近に「クリ」の上限が在るのが生態学的に良く知られている事項の一つです。また、明

写真 13　低山帯下部から上部の代表的喬木
　　　　　ミズナラ：葉に特徴がある

智平を過ぎると「ミズナラ」「ブナ」に混じって「コメツガ」「カラマツ」の針葉樹が多くなってきますが、これは植物群落が低山帯下部の形状から低山帯上部の状態へと移行しつつあることを示しています。また、「いろは坂」を登って中禅寺湖畔に出た時点で、進行方向左手にある**オオヤマザクラ**の巨木群が真っ先に目に付きますが、この植物は日光を代表する「サクラの仲間」として有名な種類です。

（２）「植物群落変遷」の実態と観察

　男体山麓に当たる中禅寺湖畔一帯の区域は植物垂直分布では「低山帯上部」に属する地域ですが、この地域の登り進行方向の右側一帯を占める植物群落は大部分が「ミズナラ」で、所々に「ブナ」の純林が認められるブナとミズナラ（共に代表的陰樹）の林で被われています。そして林床植物は「スズタケ（ササの一種）」で構成され**ブナ・ミズナラ・スズタケ群集**と呼ばれる日光地区で最も古い生態学上有名な**極相林**（陰樹林による原生林）としてよく知られている地帯です。

　またこの中禅寺湖畔は「モミ」の上限に当り、低山帯上部付近・登り進行方向左側一帯に見られるようになる**ウラジロモミ**（ダケ（岳）モミとも呼ばれ葉の裏側が白いのが特徴で高所に生育する）との交代地帯にもなっています。一方「マス養魚場」から「竜頭の滝」にかけては「ミズナラ」

写真14
中禅寺湖畔のミズナラの巨木

写真15
中禅寺湖畔ブナ・ミズナラ群落（下草はスズタケ）

第4章　環境問題を考える

写真16
竜頭滝の上部から戦場ヶ原までの区間で見られるミズナラ、シラカンバ混生林（下草はニッコウザサ）

と「シラカンバ」が数多く見られるようになりますが、やがて「カラマツ」も目に付くようになってきます。つまり、陰樹である「ミズナラ」を優占種とした陰樹林の中に「シラカンバ」や「カラマツ」である陽樹が侵入し、さらにそこに陰樹である「コメツガ」が混生すると言う典型的な低山帯上部の植物群集＝「混生林」が観察されるようになってきますが、「竜頭の滝」を登りつめるまでは、ミズナラ（陰樹）優先の「ミズナラ・シラカンバ・ニッコウザサ群集（陽樹と陰樹の混交林）」であるのに対し、戦場ヶ原周辺に近い地域になると「ミズナラ」は全く姿を消して「シラカンバ・ニッコウザサ群集（陽樹林）」か「カラマツ・ニッコウザサ群集（陽樹林）」へと変化するのが見られるようになります。つまりこのことは「戦場ヶ原」に近づくにつれて「陽樹と陰樹の混交林」から「シラカンバ」や「カラマツ」主体の「陽樹林」へと変化していくことを意味し、植物の群落構成が、さらに年代の新しい戦場ヶ原へと移行していることを示しています。つまり言いかえれば、群落遷移の原点である戦場ヶ原から最古の年代の中禅寺湖畔にかけて**湿原→草原→陽樹林→混生林→陰樹林**へと地形の変化に伴って変遷していったことを示し、この地域で数百年に亘る植物群落の遷移が行われたことをはっきりと知ることができる貴重な場所と言うことになります。また、戦場ヶ原に近づくにつれて、同じ陽樹どうしである「シラカンバ」主体の陽樹林から「カラマツ」主体の陽樹林へと変化する様子がみられますが、これは同じ陽樹の仲間でありながら「シラカンバ」と「カラマ

99

写真17　戦場ヶ原付近のカラマツの純林　　写真18　陽樹シラカンバが侵入しつつある戦場ヶ原の景観

ツ」は、同じ場所に生育することはできずに場所を分けて生育する、いわゆる「すみ分ける」性質が有るために起こる現象で、この点でも**すみ分け**と言う植物生態分布の特殊な実態の一例を直接観察することができます。

　上述のように、陽樹である「カラマツ」や「シラカンバ」は戦場ヶ原周辺に多く生育し、そこを遠ざかるにしたがって減少していきますが、陰樹の「ミズナラ」は全く逆で戦場ヶ原から距離が離れた中禅寺湖畔に近づく程多く生育するようになっていくことから、この地区で行われた湿原から草原、陽樹林、混生林、陰樹林そして極相林へと代わり行く植生の変化、即ち**群落の遷移**が150年～300年の単位で数千年の歳月をかけて進行してきた現象を直接観察することができる貴重な場所と言うことになります。このような群落変遷の歴史を直接観察できる地域は全国でも稀で、しかもその変遷過程をバスの中からでも直接観察できると言う本当に恵まれた貴重な場所ですので、「植物生態学に関するガイダンス教育」の立場で、ぜひ観察の機会を作りご来県いただければと思っています。

(3)「低山帯」から「亜高山帯」へ

「戦場ヶ原」を過ぎて「湯元」に向うと再び「ミズナラ林」が目に付くようになり、林床には大形の「クマイザサ(クマザサとも呼ばれる)」が密生するようになってきますが、之より先しばらくの区間はこの第3のササ

第4章　環境問題を考える

写真19
低山帯上部から亜高山帯にかけて見られるクマイザサの群生状態（金精峠ゲート付近）

（クマイザサ）に代わっていきます。「湯の湖」を左手に眺めながらさらに進むと、道路両側の森林が黒味を帯びてきているのに気が付きますが、この地域が「低山帯最上部・落葉広葉樹林帯」の上限でコメツガ、アスナロ、ネズコ、イチイ（アララギ）等の針葉樹林帯の下限と交換されて亜高山帯への移行がはっきりと認められる混生林が発達してくることを示しています。そして「湯元」から「金精峠」へと進むにつれて「シラカンバ」に代わって「ダケカンバ（岳カンバ＝高所に生えるカンバの意味）」の林が多くなり、「アスナロ」の純林に近い林も見られるようになってきますし、その林床は「クマイザサ（チマキザサとも呼ばれる）」か「チシマザサ（ネマガリザサ）」と呼ばれる裏日本系の代表的「ササ」の何れかが混生している場所が多くなり、次第に「亜高山帯」へと移行していることが示されることになりますが、この「湯元」までが「奥日光」の一般的な観光や観察のコースになっていますので、観光で訪れる方々に対する生態学的立場での「植物垂直分布」に関する案内は、ここまでである程度の目的は達成できたことになると思います。

（4）「日光」を代表する「花と樹木」

　まず「日光の花」の代表的な種類とそれぞれの時期については、4月「明智平」から「茶の木平探索路」の「アカヤシオ」に始まり、5月には中禅

101

寺湖畔入り口の「オオヤマザクラ」を眺めてから「竜頭の滝」上部の登山口から「高山」に登り、八合目付近で「シャクナゲ」を眺めて山頂に到達した後中禅寺湖畔の「千手ヶ浜」に下り、そこから「竜頭の滝」までの湖畔探索路に沿って咲き誇る「トウゴクミツバツツジ」を観賞するのが春一番のお勧めコースです。

　一方「戦場ヶ原」では、まず6月には日本一と称される「ズミ（リンゴの台木）」の花が道路沿い一面に咲き誇り、次いで7月には沿道に「ホザキシモツケ」の花が咲き乱れるのが代表的な見所です。また、「西の湖畔」の「クリンソウ」は、ここで紹介するまでも無く、その最盛期には毎年たくさんの観光客が訪れる「日光」を代表する花の一つになっています。もちろんこの他にいろいろな美しい高原の植物がありますが、ここでは集団行動で歩きながらでも観賞できる一般的で代表的な種類だけを記してみましたので、**生態系のガイダンス教育による現場観察**の立場でぜひ訪れる機会を作っていただければと思っています。

　一方樹木や群落では、上述のように「中禅寺湖畔道路沿い右手一帯の「ブナ・ミズナラ・スズタケ（ササの一種）群集」と呼ばれる生態学上有名な陰樹による極相林＝原生林を観察し、次いで「竜頭」の坂を登って陰樹と

写真20
戦場ヶ原内に見られるズミの林

第4章　環境問題を考える

写真 21
湯元「ハルニレ荘」付近の
ハルニレの純林

陽樹の混交林の中を通り、「戦場ヶ原」手前の**カラマツの純林**に至るまでの「森林生態系の変遷」を眺めるのがお勧めの場所です。特にこの戦場ヶ原周辺のカラマツ林は「箱根」や「軽井沢」と共に**日本の三大カラマツ美林**と称される程の美しい純林で、芽吹きと紅葉の時期の景観は本当に素晴らしく確実に見応えが有ります。

　さらにその先の「湯元バスターミナル」の奥一帯に有る壮大な**ハルニレの巨木純林**と「西の湖」畔の**ヤチダモの林**は共に一見に値する純林として非常に有名ですのでぜひ一度観賞に訪れていただきたいと思います。尚「春に木肌が濡れているように見える（ハルヌレ」」と言う語源で名付けられた「ハルニレ」については、北海道大学の「ハルニレ」は有名でも奥日光の「湯元・ハルニレ荘」付近一帯や光徳牧場入り口等に生育している**ハルニレ林**は余り知られていないと思いますので、ぜひ日光での存在も確認していただきたいと思っています。

103

（5）植物群落遷移史の観察

　以上、湿原が草原から陽樹林を経て陰樹林の純林で構成される極相林に変化してゆくまでの変遷過程は最初に述べたように「群落の遷移」と呼ばれ生態学上有名な現象として良く知られていますが、上述のように、この「奥日光」では500 〜 1,000 年以上の長きにわたって展開されるそのドラマの総てを直接観察することができる貴重な場所になっています。つまり、その昔浅い湖だった「戦場ヶ原」が湿原から草原に移行し、そこに陽樹である「シラカンバ」や「カラマツ」が侵入し、現在「戦場ヶ原周辺」は「カラマツ」を主とした「陽樹林」に変化した状態になっています。そしてその周縁である「竜頭の滝上部一帯」は陽樹である「シラカンバ林内」に陰樹である「ミズナラ」が侵入した「混生林（生態学では「陽樹と陰樹の混交林」と呼ばれる）」で構成され、その間 100 〜 300 年の歳月が経過したことを物語っています。さらにその外縁の「中禅寺湖畔周辺」に下ると、陰樹の代表である「ブナ・ミズナラ」を主体とした原生林で覆われるようになり、いわゆる「陰樹林＝極相林」を構成するようになっていますが、これはこの地域が前者よりさらに数百年前の早くから植物群落の遷移が始まっていたことを物語っていることになります。つまり「奥日光」を探索する時、まず「中禅寺湖畔」で誕生後 500 年以上の歳月を経過した**極相林**と出会い、次いで「竜頭の滝・上辺」で誕生後 300 余年以上を経過した**混交林**を眺め、さらに「戦場ヶ原・周辺」で誕生後 100 〜 300 年余を経た**陽樹林**を、そして「戦場ヶ原」では湿原から草原へ変わりつつある状態と草原に陽樹が侵入を始めた状態の**群落遷移の原点**をと、数千年に亘る**植物群落遷移の歴史**の総てを、逆にではありますが直接辿ることができる、言わば現地学習の最高の場所ですので植物生態学の実地研修の場として機会が有ればぜひ活用していただきたいと思っています。

　なお、私は栃木県民の一人として、このような大自然の魅力溢れる「奥日光」が身近に有る幸せを痛感させられると共に、最初に述べたようにスケールの大きさや観察の対象には違いが有っても奥日光のような国立公園

第4章　環境問題を考える

等の山岳地帯で生態学上有益な自然が残されている場所は全国各地にたくさん有ると思いますので、身近にあるそのような場所を見出すだけでなく生態学の実地研修の場として活用する具体的な方策を、それぞれの県や地域、学校等で「環境問題のガイダンス教育」の立場でぜひ研究開発してくださるよう強く希望いたします。

5　水を考える

（1）昭和 30 年代までの河川

　人類を含めて総ての生物は「水」が無くては生きていくことができません。つまり「水」こそ環境科学の主役であり人間の生活とは切り離せない最重要物質でもあるわけです。ここではまず、時代と共に急激に変貌した**水と環境との係わり**について総合的立場から考えてみたいと思います。

　水田に囲まれた国・日本は果たしてダム王国になる必要があったのでしょうか。現在利根川水域のダムは 14、その全貯水量は 3 億 5,000 万トンと推定されています。また全国ではダムの数は 2,000、現在計画中のものが 600 〜 700 と言われています。この狭い国土にこれだけのダムが本当に必要なのかどうか専門家の間でも意見が分かれていると思いますが、利根川水域森林（表面 50cm 枯葉層）の貯水量が 43 億 t と試算されているのを見ると、コンクリートダムを造るよりも緑のダムを守り続けた方が環境保全の立場からは文句無く優れていると言えるのではないかと思います。さらに我が国には総面積 300 万ヘクタール（ha）、減反政策で 230 万 ha の水田が有りますが、夏季 100 万 ha の水田が貯える水の量が全日本のダム貯水量に匹敵する量であることから、現在の稲作文化が継承されていけば、これ以上ダムは建設しなくても我が国の水行政は何とか運営できるのではないかと考えたくなるわけです。

　昭和 30 年代までは、日本の河川も小川も溝も実に綺麗でした。生活排水が流れる下水溝でも、それこそ流れた汚水は溝の先に掘られた庭隅の穴

105

に溜まるようになっていて、土の中を通って家の横を流れる小川に少しずつ浸み出していくような構造やしくみのものが多かったと思います。したがって土中で浄化された排水が流れる小川は、土中のバクテリアが有機物を分解してくれたので、常に澄みきっていて底にはシジミガイやドジョウが棲むくらいの清流で、住民が炊事、洗面、洗濯を行なう綺麗で便利な生活水そのものだったと記憶しています。私も子供の頃家の前を流れる溝川に毎日筌を掛け、ドジョウ採りを楽しんだ経験がありますが、自然環境の中に天然の処理能力、浄化力という**自然の摂理の素晴らしさ**が有ったからこそ私たちの生きる環境は常に適切に整えられ保たれて来たものと思われます。

（2）水質汚染問題の浮上

　しかし昭和40年代の高度成長時代に入って工業化、都市化が急速に進み、文字通り列島改造が進行する中で水質汚染問題が急浮上し、以後大きな社会問題となって今日に及ぶことになってしまいました。もともと自然界自体は優れた浄化力を持っており、それは現在でも基本的には変わりは無いはずです。しかし下水や河川に流入する生活排水が、質・量共に急増し、しかもそこに含まれる汚染物質が予想以上に多様化したために、自然の力では処理しきれなくなったこと、さらに河岸をV字形の堤防で囲い、川底をコンクリートで固めた河川は鉄砲水が流れるような状況を生み出し、自然浄化の主役であった川岸に生育する水生植物群や動物群を根絶させ、浄化のサイクルを止めたことが、間違いなく水質汚染の直接的要因となった訳で、自然の力では処理できなくなった汚濁水をまとめて大規模に浄化できるように実用化した**浄水場**やし**尿処理場**の施設が、全国津々浦々に普及している事実から考えても水質汚濁がいかに国家的規模の重大問題になっているかを如実に示しているものと思われます。

　そしてさらに驚くべきことは、そこで行われている汚水処理の方法が、広い敷地に近代的工場を建て、科学技術の粋を集めた高級な処理をしているわけではなく、自然浄化の主役である有機物を分解するバクテリアを大

第4章　環境問題を考える

きな水槽に入れ、酸素を十分に送り込んで分解者としての役割を存分に果たさせるという最も平凡で自然な「物質循環の原点の原理を導入した手法」だと言うことです。つまり「し尿処理場」とは汚れたものを綺麗にして出す所ではなく、バクテリアに汚水を食べさせて浄化させるだけの場で、バクテリアが食べないものは排水に混じって流出するにすぎない所なのです。

(3) 水は「命の泉」

　前述のように、私がはじめて地元の「汚水処理場」を見学した時、その規模の大きさと処理の実態を目のあたりにしてそのしくみの簡単さに驚かされましたが、所員の説明では、各家庭から出る生活排水は、最初は直径10 cm程の下水管に流れ込むが、管は次第に集合して太くなり最終的には町内（人口4万人）の汚水は直径60 cmの管に集められて「汚水処理場」に送られてくるとのことでした。そしてその時間帯は、毎日各家庭の洗濯が終わる午前10時頃がピークで、その時にこの施設内の第1水槽は猛烈に泡立ち溢れんばかりの状況になるとのことで、ちょうど私が訪れた午前11時頃もそれに近い凄まじい光景を示しているところでした。

　水は命の泉です、大切な生命を支える飲み水について私たちは余りにも無関心過ぎるのではないでしょうか。つまり都市部の住民の大半は、与えられた蛇口に対して何の疑問も持たないで無造作に水を使用する生活を

写真22　水門のある風景（壬生町、思川）　河川敷に自然が残され清流が流れている。下流都市住民の水道水原水になっているはずである。

107

送っているのではないかと思います。しかし一度は必ず自分が住む町の水源である「汚水処理場」を訪れてその実態を見学し、少なくとも我が町の水道原水はどこの河川から取水したものか、市町村の水道局や浄水場に問い合わせて確かめ、それが分ればその川の岸辺に立って、自分の体内を流れる水と同じ川水を眺めてみることも大変意味のあることですし、学校教育の場でも必ず、環境教育の一環として「汚水処理場」を含めた水質環境にかかわる関係個所全体を巡る実地見学研修を実践していただきたいと思います。そしてそれと同時に、「環境に関するガイダンス教育への導入」の立場でぜひ、ダム、自然林、稲作水田から水質汚染までを総合した観点から、我が国の**水に関する現状と諸問題**をじっくりと話し合う機会を作っていただければと思っています。

6 地下水を守ろう

(1) 家庭・地域社会の役割

　一部のヒトたちを除いて大半の人間は、自分たちの生活と密着した水に対して余りにも無関心で過して来ているのではないでしょうか。今こそ私たちは、これからの地球環境保全のためにどのようなことを心掛けて「水」と接していけば良いのか、考え直さなければならない時代を迎えていると思いますが、特に将来を担う人材育成の場である学校教育での「環境ガイダンス教育」の立場からはぜひこの問題について生徒と話し合う機会を作っていただければと思っています。そのような意味でここでは、少しでも参考になればとの思いで**水との付き合い方**について少し考えを述べさせていただきます。

　地球には 13 億 7,000 万 km²の水が有り、内 97.2 ％が海水、2.2 ％が氷河と万年雪、わずか 0.63 ％が川、湖、地下水でいわゆる生活水と呼ばれる水の占める割合になっています。日本の場合には地表に雨となってもたらされる水量は 4300 億m²と言われており、川や海を汚す原因の 70 ％は家庭

からの生活排水で、41％が台所から、27％がトイレから、22％が風呂から、10％が洗濯水に拠るものとされています。一方、三面張りの護岸で自然浄化能力が奪われ、環境基準に達成していない河川は26％、湖沼53％、海域17％が現状のようです。そして我が国における各市町村の水の原水は、人口100万人以上の都市ではダムと湖であり、中都市では川が主体で一部地下水が、そして小都市や町村では地下水が主体になっているようです（最近は水道の普及率が急速に伸びているので大分様子が変わって来つつあるようですが、本質的には上述の状況だと言われています）。現在大変な危機に直面している水に対して我々はどのように対処していけばよいのか、これこそ「環境ガイダンス教育の必修項目」と言えるのではないでしょうか。

（2）生活排水をより減らすことはできないのだろうか

　前述のように、水汚染の原因の70％が家庭からの生活排水によるものですが、その場合の水質汚染剤は合成洗剤と農薬であり、合成洗剤としては合成界面活性剤や蛍光増白剤が主なもので、前者は浄水場に入る時も出る時も濃度は変わらず、ただ通過するだけと言われています。一方蛍光増白剤は発ガン性物質の一つとされており、原水中の濃度が高いと浄水場では処理できないことが知られています。また農薬については農業の機械化が進み、化学肥料と農薬が多量に投入されるようになると同時に、一方では人手が余って会社や工場に従事する人々が増加するようになったことが重なって、オレンジ剤と呼ばれる除草剤（CNP、NIP、X-52などの枯葉剤）に含まれる**ダイオキシン**（1ｇで2万人を殺すほど毒性が強い）が注目されるようになって来ました。これは環境に放出されると回収されにくく、分解も遅々として進まないで長く残り、汚染はどんどん広がるという誠に厄介な物質です。

　さらに山紫水明の地を求めて、ハイテク産業の農村への進出も著しく、結果として工業用水を使って工業排水を出し、大地や水を汚すばかりでなく、工業用水確保のためにダムを造り、それが河川の汚染に拍車をかける

ようになってきているのが実状のようです。このように油断をすれば水の汚染はエスカレートするばかりですし、私たち国民がそれを予防する方策は、残念ながら現状では「節水」「節約」以外には無さそうな状況に置かれていると言えるのではないでしょうか。したがってこの機会にぜひ、自分たちが置かれている生活環境は現在どのような状況にあるのか、学校ばかりでなく「環境保全に関するガイダンス教育」の立場で、地域社会等でも話し合う機会を持っていただきたいと思っています。

（３）節水の具体的方策

　水なしでは動物も植物も生きていくことはできません。**水こそまさに命**です。人間一人が１日に使う水の量は平均150ℓ、飲み水や調理には３〜６ℓですから残りは水洗トイレ、風呂、シャワー、洗濯、植木への水やり等に使用していることになります。そこで日常生活に際して各自が　①水道の栓をきちんと締める。　②流しに溜めた水で手や食器を洗う。　③歯磨きと口すすぎはコップ１杯の水で済ます。　④入浴の水は洗濯や掃除に再利用する。　⑤洗車はバケツに汲んだ水で行なう。の５項目に気を付けて生活すれば生活排水の量を約半分に減らすことができるのではないかと言われています。以前、東京都内に住む東大生が「バケツ１杯運動」を始めて大きな話題になりましたが、バケツ１杯＝10ℓ＝１年で3,650ℓ、主婦が家庭を持ちバケツが運べなくなるまでに10t以上の水を地面に返せるので、都民の1/3世帯が協力すれば、一世代で奥多摩湖の水を大地に戻せる計算になるそうです。ただし、大地に戻せる水は合成洗剤や歯磨き水は除きます。また、コメのとぎ汁は最高と言われています。

　これはほんの一例ですが、一方で節水を心掛けると同時に、塩素漂白剤や塩素漂白製品は使わず、酵素漂白された紙（コーヒーフィルター、紙おむつ）などを使用するとか、洗剤は軟カリ石鹸（カリウム塩を含む軟らかい石鹸）を減量して使用するとか、さらには流しの詰まりは吸引ゴムやらせん状針金を使って物理的に処理するなど工夫すれば、水の汚染を少なくする手法はいくらでも有ると思われます。とは言っても私たちの対応は、

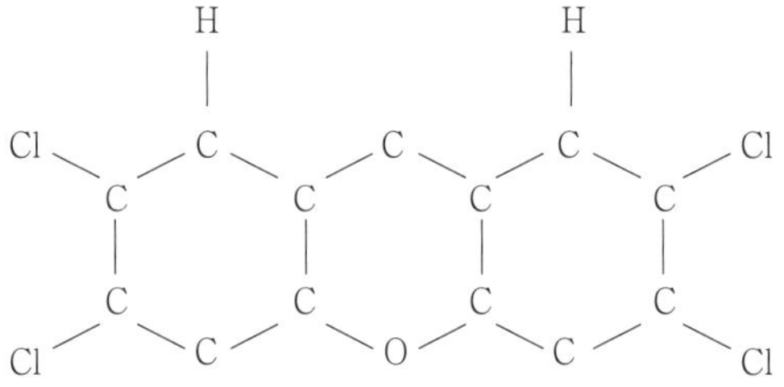

第 4 章　環境問題を考える

H　　　　　　H
｜　　　　　　｜
Cl　C　　　C　　　C　　Cl
　　C　　C　　C　　C
　　｜　　　　　　　　　｜
　　C　　C　　C　　C
Cl　　C　　O　　C　　Cl

ダイオキシンの骨格構造
（2、3、7、8 － TCDD の構造）

図 15　ダイオキシンの骨格構造

節水、汚染物質使用量の減少、大地に清水を戻す運動など極めて消極的な手法に限定せざるを得ないところに最大の課題が有り、しかも残念なことに、それに追い討ちをかけるように発ガン物質やダイオキシン、環境ホルモンなど新しい重要問題が続々登場して来ているのが実情です。

　例えば発がん物質について言えば、現在世界には 800 万種類の化学製品があると言われていますが、わずかに 40 種類弱の製品で発がん物質が認められているにすぎないことが分かってきた状態ですし、**ダイオキシン**についても、ごみを燃やすことによって生じることが証明されてきたのは 1977 年オランダが最初で、以後欧米諸国でゴミ焼却を大幅に減らしてきたのはその毒性が余りにも大きいことが分かってきたからでした。そしてダイオキシンを含む有機塩素系化学物質の多くは**環境ホルモン**として作用することにより、微量でも生殖機能や免疫機能を撹乱し子供にまで深刻な影響を与えることもはっきりしてきています。しかし残念なことに、日本では都市でのゴミ焼却率は 70％以上、焼却施設も 1,850 ヶ所以上といずれも世界一で、日本の大気中のダイオキシンの平均濃度は欧米諸国の 10 倍以上も高くなっていると言われています。以上、私たち大半の国民は、ここで取り上げたような事象は全く知らないで、しかもその具体的な対応もできない状態のままの生活を続けているわけで、そこに大きな課題が残さ

れているように思われますので「環境保全に関するガイダンス教育」の立場でぜひ生徒や関係者と話し合い対処法を検討する機会を作っていただきたいと思っています。

7　屎尿処理の実態と課題

（1）塩素消毒の功罪

　上述のように、「教科ガイダンス教育」の一環として「環境保全教育」の立場で「屎尿処理場」の見学は必ず実施していただきたい行事の一つですが、そこで行われている処理の技術やしくみ等、メカニズムの詳細については現場では説明されませんので、授業等で生徒の対象に応じた補足、説明をする必要が有ると思います。汚水処理に関しては、1970 年代に世界各地でさまざまな問題や事件が生じており、それに関連する内容は、書物やレポート等で詳細に報告されているので既にご存知の方も多いと思いますが、その概要は下記の通りです。

　現在、「屎尿処理場」ではバクテリアによって有機物はほぼ完全に分解されますが、分解反応によって生じる「アンモニア性窒素」の多くはそのまま流出することが知られています。そこで浄水場では、その汚れを除去するために「塩素消毒」を行なうことになっていますが、「アンモニア性窒素」の含有量で投入する塩素の量が決まり、普通はアンモニアの 10 ～ 15 倍量を投入すると言われています。終戦時に施行された日本の水道法で、塩素をどんな高濃度でも適用できる内容で義務付けられてしまったので「塩素さえ入れれば安心」と言う安易な風潮が普及してしまい、これが今日の水質汚濁に一つの問題を提起してしまった形になっています。

　1987 年、アメリカ海洋科学者レイチェル・カーソン生誕 80 周年の時に、カーソン女子は著書**沈黙の春**の中で「有機塩素系農薬」の恐ろしさを説きましたが、殺虫剤として世界中で使われた「DDT」も「アウシュヴィッツのガス室」で使用されたのも「塩素ガス」で、多量に入手でき、値段が

安く、効力が長く効き、扱い方が容易でしかも殺菌効果抜群ということになれば、全国の浄水場で手軽に使用するのは当然のことではないでしょうか。したがって現在でも、屎尿処理場から出て行く最終段階で、綺麗に浄化されたように見える浄化水に多量の塩素を投入する消毒法が広く行はれており、一面ではこの方法は人類の水問題に大きく貢献してきたし、これからも貢献し続けるものと思われます。

しかし1972年、オランダ・ロッテルダム水道局のルーク氏は水道水に**トリハロメタン**を発見、1974年にはアメリカのロバート・ハリスがアメリカ消費者雑誌「コンシューマ・リポーツ」に「果たして飲み水は安全なのか」のレポートを掲載「ニューオリンズ水道水汚染と市民のガン死亡との間に関係有り」と報告して注目されましたが、その時市の水道水から飛び抜けて高い濃度で検出されたのが「クロロホルム」でした。

(2)「トリハロメタン」とその処置

塩素は水中に投入されると複雑な反応を繰り返して無数の有機塩素化合物を合成することは分ってきましたが、その代表が**トリハロメタン**という物質で、トリ＝3、ハロ＝ハロゲン元素（塩素Cl、フッ素F、臭素Br、ヨウ素I、アスタチンAt）の5種類の意味で、メタン化合物の水素原子の中の3つが「ハロゲン」と置き換わったもの（3つがハロゲン化されたメタン）が「トリハロメタン」で、日本では主に塩素Cl、臭素Br、フッ

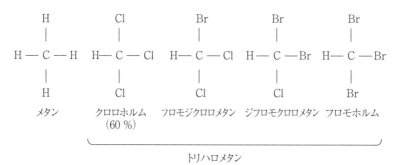

図16　トリハロメタンの化学構造

素 F で作られることが分かっていました。

　トリハロメタンは　①有機物が多い　② pH が高い　③温度が高い水道水ほど多く含まれていますが、言うまでもなく有機物が多いことは汚染が進んでいることを意味し、「pH」が高いことは「アルカリ度」が強いことで、水道管の鉄パイプが錆びてアルカリ性になることが原因となっていることが多いものと考えられ、また温度の影響では、冬よりも夏場に温度が高くなることは反応速度の問題によるものと考えられています。なお「ウロゲレナ」や「アナベナ」などの「プランクトン」から排出される物質がトリハロメタンを作りやすいことも知られていますので、ダム等にこの種のプランクトンを発生させることも当然問題になってくるわけです。

　しかし現在、「トリハロメタンの濃度」については年平均 10 ppb なら合格、人口 10 万人以上の都市では 13 〜 15 ppb、大都市では 23 〜 25 ppb、日本厚生省基準 100 ppb、1984 年 WHO 国際基準では 30 ppb と極めて曖昧な状態で扱われているのが実状のようです。ppb とは 1 ／ 1,000 ppm の量で 1 リットルの水に 1 mg（水を一杯入れた家庭用浴槽に小さめの角砂糖 1 個入れた量）溶けた量で極めて微量ですが、これが廃棄物質である点で非常に注目されているわけです。WHO の基準によれば、毎日 2 ℓ の水を飲むと、一生を通じてガンにかかる率が 10 万分の 1 である濃度（10 万人に一人がガンになる濃度）であり、日本の人口は 1 億 2,000 万人ですから 1,200 人が「トリハロメタン」でガンになる計算になります。日本人の発ガン率は 10 万人中 160 人ですから 160 人中の一人は「トリハロメタン」によるものと推定されることになります。

（3）水質汚染の現状と課題

　水道法でも浄水処理でも防ぐことが困難なトリハロメタンに対して、私たちは自力で対策を講じなければならない状況下に置かれていることになりますが、幸いトリハロメタンは沸点が低く、クロロホルムは 61 ℃ ですから下記の 4 点を実行すればかなりの量を取り除くことができるので、日常生活で少しずつでも実行されることをお薦めしたいと思っています。

① **汲み置き法**：水道水を口の広い容器に入れて蓋をしないで置くと、一晩でClはほとんど無くなる。また、汲み置き容器を2個用意し、高い所から2〜3度、移し変えると効果的である。ただしアルミ容器は塩素と反応するので避けること。

② **吸着法**：水、木炭、石など、吸着し易い材質を容器内に入れて置く方法。たくさん入れないと効果が無く、まめに干したりあぶったりしないと長続きしない。

③ **煮沸法**：蛇口からの水を沸騰させ、沸騰したら夏なら3〜5分、冬なら5〜7分継続する。新しい水で沸かした風呂は、蓋と湯表面の間にトリハロメタンが溜まるので換気が必要。湯沸しポットはトリハロメタンの出口が無いので飲んでしまうことになる。

④ **冷凍法**：純水ほど速く凍るので、水道水が7割凍った時、3割をそのまま除き、中心部の白濁部分に不純物が集合しているのでここを捨てれば完璧。

以上、水質汚染の現況とその具体的な対処法について述べましたが、汚染状況の指導については直接汚水処理場を訪れたり身近な河川の水質検査を行なってその汚染度を調査する等、なるべく実践的野外実習を伴った指導を行なうのがベストであることはいうまでもありません。しかし実際にはなかなか時間的に無理だと思いますので、水質検査法を実習指導して関心を高めるような間接的指導でも教育効果は十分に上げられると思います。またトリハロメタンの問題については、非常に高度な専門的内容ですので参考資料としてプリント印刷して配布し、授業では簡単に補足説明を加える程度の指導で十分だと思いますが、もし「環境ガイダンス教育」の一環としてクラブ活動や教養講座等の立場で取り上げる場合にはぜひ、発展的研究として要因の究明まで考えた指導をお願いしたいと思います。

8 河川での「肉眼的小動物による汚染度調査」の実践
〈Beck – Tsuda 法による生物指数（Biotic Index）の測定〉
―水質汚濁指標生物（肉眼生物）をやや定量的にした実験法―

（1）ねらい

「水と環境」問題に関する指導は直接汚水処理場を訪れたり身近な河川の水質調査を行なってその汚染度を調査するなど、なるべく実践的野外実習を行なうのがベストの方策であり、指導要領の改訂に伴い公害教育や環境保全教育を含めて自然環境に対する生態的アプローチもかなり強調されてくるようになってきても、実際の指導場面の設定や具体的な展開計画を立てる段階になると未だ多くの問題が残されているように思われます。しかし、学校教育の中で児童や生徒にとって自然観察や自然研究が益々重要視されるようになってきた現状を考えた時、**河川の汚染度調査の実習**は今後のクラブ活動や課外活動の必修課題になってくることが予想されますので、**本書ガイダンス教育 Book** の締めくくりとして肉眼的小動物を対象にした河川の汚染度調査の実践方法を取り上げ参考に供したいと思います。ただし、もし公害教育まで含めた総合的立場から河川の汚染状態を正確に調査する場合には「物理・化学的方法」と「生物学的方法」の両面からアプローチしないと十分に目的を達成することは出来ませんが、調査の狙いを「生物と環境の相互関係」や「環境保全教育」など、特に生物教育的立場に絞った場合には、ここに記した汚染度調査法でも十分に意義ある研究が出来る

写真 23
鬼怒川の風景（岡本上流）　護岸工事はなされていないため、自然浄化力は十分に残っている。汚染度調査のため、流速を測定しているところ

と思いますので、「環境汚染に関するガイダンス教育」を実践する場合の参考資料としてぜひ活用してみてください。
(2) 準備と方法
　ア、原理と調査時期；1955年にBeckによって提案され、後に津田氏によって修正されたもので、河川の任意のStationに存在する肉眼的動物の種類数をもとにして「生物指数（B,I）」を算出する「生物学的汚染度測定法」です。
　なお、1年を通じて調査する場合は四季ごとに1回、1回だけ調査する場合は水生昆虫の多い春～夏に、毎年調査する場合は同じ時期に同じ場所で実施するように企画してください。
　イ、準備；図17のようなネットと方形わく（25 × 25 cm）、ポリタライ、歯ブラシ、ゴム手袋、長靴、ポリ袋、輪ゴム、温度計、pH試験紙、酸素瓶と溶存酸素測定（固定）用試薬、駒込ピペット2本、ストップウォッチ、メジャー、浮き、カメラ、ペトリ皿多数。
　ウ、手順と方法
　（ア）まず測定しようとする河川で、次の基準を基にしていくつかの調査地点を決める。
① 　水深がひざ程度までで、瀬の石礫底の場所であること。ただし石礫は

写真24　調査研究用手網で採集中

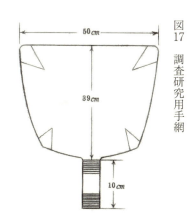

図17　調査研究用手網

117

写真25 河川で方形枠内の礫をたらいの中に採集する

写真26 礫に付着しているすべての小動物を分離収集する

ミカン大からスイカ大ぐらいの石が多く、落葉や木の枝などがひっかかっていないところを選ぶ。
② 表面の流速は 100 〜 150 cm/sec 程度のところで、調査日前数日間の範囲で出水や増水がない場所であること。

（イ）各調査地点では3人一組になり、ネット係、タライ係、試料採取係と分かれ、川底に置いた方形枠内の総ての岩石とその下部2 cmぐらいまでの層の全部をたらいの中に静かに採集する。

（ウ）採取物はそのまま川岸に運び、昆虫を含めてそこに付着している総ての生物体を歯ブラシやピンセットで傷がつかないように注意しながらタライ内の水中に洗い落とす。この採集個体を含んだ水はそのままポリ袋にまとめて入れ、日時、場所などの必要事項をラベルして実験室に持ち帰り、各採集場所ごとにバットにあけ、種類ごとにペトリ皿に分けて分類する。

（エ）一方河川の主要動物の一覧表を用意しておき、採集物で該当する欄をチェックしていく。Beckは無脊椎動物を、汚濁に耐えられない種類（貧腐水性水域に属するもの）を**非汚濁性種**（Intolerant Species）、汚濁に耐え得る種類（中腐水性から強腐水性水域に属するもの）を**汚濁性種**（Tolerant Species）としているので、先にチェックしたリストを照合して、**非汚濁性種をA、汚濁性種をB**とし**2A+B**の式で汚濁の生物指数を算出する。普通汚濁の強いところでは種類数は少なく、清水では多くなるので、

第 4 章　環境問題を考える

この数値が大きければその Station は清冽であり、小さければ汚濁していると判断することが出来ます。
（オ）その他の留意事項としては、調査面積や川底の状態など水質以外の条件を一定にし、2ヶ所の Sample でそれぞれの「生物指数」を算出して大きい方の値をとること、特別の毒物が存在する水域には適用出来ないこと、などが挙げられています。

（3）指標生物の分類
　ア、清流と少し汚れた水（貧腐水性）の両方に棲む「指標生物」
　①サワガニ　②カワニナ　③カワゲラ類　④ヘビトンボ（幼虫）－孫太郎虫とも言う　⑤カゲロウ類　⑥トビケラ類
　イ、少し汚れた水（β中腐水性）の「指標生物」

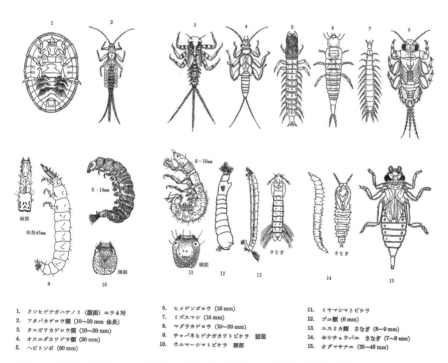

図18　肉眼的小動物による河川の汚染調査付表――河川で普通に見られる水生昆虫
　　　（津田松苗：水生昆虫学、1962、北隆館より模写）

〇〇，多量またはひんぱんに出現するもの
‥，少量あるいはときどき出現するもの

動物の種類		α-強腐水性水域	β-強腐水性水域	α-中腐水性水域	β-中腐水性水域	貧腐水性水域	判定
節足動物 (こん虫類)	オオフタオカゲロウ			〇〇	〇〇〇〇	〇〇	B
	コカゲロウ			〇〇	〇〇〇〇	〇〇〇〇	A
	ヒメカゲロウ			‥	〇〇〇〇		B
	トワダカワゲラ					〇〇〇〇	A
	ノギカワゲラ					〇〇〇〇	A
	チャバネヒゲナガカワトビケラ				〇〇	〇〇〇〇	A
	ウルマーシマトビケラ				〇〇	〇〇〇〇	A
	コガタシマトビケラ				〇〇〇〇	〇〇	B
	ニンギョウトビケラ				〇〇	〇〇〇〇	A
	カスリホソバトビケラ				‥‥‥	‥‥	B
	エグリトビケラ				‥‥‥		B
	オグマサナエ				〇〇〇〇		B
	ヤマサナエ			‥‥〇〇	〇〇〇〇	〇〇	B
	アオサナエ				〇〇	〇〇〇〇	A
	オニヤンマ				〇〇〇〇	〇〇〇〇	A
	コオニヤンマ				〇〇〇〇	〇〇〇〇	A
	ギンヤンマ			〇	〇〇〇〇		B
	カワトンボ				‥‥	〇〇〇〇	A
	ムカシトンボ				〇〇〇〇	〇〇〇〇	A
	ヘビトンボ				‥‥‥	〇〇〇〇	A
	シオカラトンボ			〇〇	〇〇〇〇		B
	アキアカネ				〇〇〇〇		B
	ハグロトンボ			‥‥〇〇	〇〇〇〇	〇〇	B
	ヒラタドロムシ			‥‥	〇〇〇〇	‥‥‥	B
	ホタル			‥‥	〇〇〇〇	〇〇〇〇	A
	ゲンゴロウ		‥‥〇〇	〇〇〇〇			B
	ブユ				‥‥‥	‥‥‥	B
	ハナアブ	〇〇〇〇	〇〇〇〇				B
	ホシチョウバエ	〇〇〇〇	〇〇〇〇				B
	ユスリカ(赤)	‥‥	〇〇〇〇	〇〇‥‥			B
	ユスリカ(緑)				〇〇	〇〇〇〇	A
	センブリ		〇〇	〇〇〇〇	‥‥		B

表2　汚水生物学的指標生物一覧表

○○，多量あるいはひんぱんに出現するもの
・・，少量あるいはときどき出現するもの

動物の種類		強腐水性水域		中腐水性水域		貧腐水性水域	判定
		α-	β-	α-	β-		
腔腸動物	ヒドラ					・・・・	A
縞形動物	ナミウズムシ				・・	・・・・	A
	ヌカエビ				○○	○○○○	A
節足動物	スジエビ				○○	○○○○	A
（甲かく類）	ミズムシ		・・	○○○○	・・・・		B
	アメリカザリガニ				○○○○	・・	B
	エラミミズ	○○○○		・・・・			B
	イトミミズ	○○○○		・・・・			B
環形動物	シマイシビル		○○	○○○○	・・		B
	ウマビル			○○	○○○○		B
	ハバヒロビル				○○○○	・・	B
	ヒメモノアラガイ		・・	・・・・			B
	モノアラガイ			・・	・・・・		B
軟体動物	ドブシジミ			・・	・・・・	・・	B
	カラスガイ			・・・・	・・・・		B
	カワニナ			・・・・	・・・・	・・	B
	ヌマガイ			・・	・・・・		B
	ヒメフタオカゲロウ				○○	○○○○	A
	ヒメヒラタカゲロウ				○○	○○○○	A
	タニガワカゲロウ				○○	○○○○	A
	クロタニガワカゲロウ					○○○○	A
節足動物	ウエノヒラタカゲロウ					○○○○	A
（こん虫類）	エルモンヒラタカゲロウ				○○	○○○○	A
	マダラカゲロウ				・・	○○○○	A
	モンカゲロウ					○○○○	A
	キイロカワカゲロウ				○○	○○○○	A
	チラカゲロウ					○○○○	A

①コガタシマトビケラ（トビケラの仲間で唯一の汚水性）　②トンボ類（幼虫）　③ヒラタドロムシ　④モノアラガイ類（ヒメモノアラガイ）

ウ、汚い水（α・中腐水性）の「指標生物」

①ヒル類　②ミズムシ類　③サホコカゲロウ

エ、強腐水性と α 中腐水性の「指標生物」

①赤いユスリカ　②ミズワタ(バクテリアの一種で汚水菌とも呼ばれる)

オ、強腐水性の「指標生物」

①イトミミズ　②サカマキガイ　③ハナアブ類

（4）結果と考察、及び問題点の検討

ア、まず「生物指数 Biotic Index（B,I）」については、一般にその数値が 20 以上であれば「清冽」、19 〜 11 が「やや汚染」、10 〜 6 が「かなり汚染」、5 〜 0 が「極めて汚染」という 4 段階ぐらいに分けて表されるのが普通です。

イ、表 2 は、河川で見られる腔腸動物から節足動物までの肉眼的小動物の予想される生息水域とそれぞれの出現頻度及び「汚濁の生物指数（A、B の区分）」を示したものですので、調査の時の参考資料として活用していただきたいと思います。

ウ、河川の肉眼的小動物の調査については、正しい採集方法が行われたかどうか、安全性を考慮した調査であったかどうかをチェックし、同時に分類や同定、及び「生物指数（B,I）」の算出が正確になされたどうかを総合的に判定し結果を出すことになります。

エ、この実験は、学校の近くに恵まれた環境が無い場合にはどうやって資料を収集ればよいのか、またたとえ調査を実施したとしても資料の観察やデータの処理を限られた時間のなかでどのように展開すればよいのか、この教材を授業等に定着させるためには研究課題はまだ山積していると思いますが、実験と言う立場では現在の中学・高校レベルでも十分に対応出来る内容ですので「環境保全ガイダンス教育」の一環としてクラブ活動や地域の研究活動などでぜひ積極的に取り上げてい

ただきたいと思っています。

9　課題山積の環境問題

　以上、我が国を取り巻く環境問題は益々重大な局面を迎えつつあるのに、ここでは「植物生態系」や「水質汚染」の問題など一部の課題だけを取り上げ、羅列的、断片的な取り扱いしかできませんでしたが、観点を変えれば、それだけこの問題が広範囲に跨る重大な課題になっていることを意味するわけで「誰かがやってくれるだろう」とか「私一人がやったところでどう言うこともない」という考え方は最早通用しない段階まで来ていることを示していると思います。言い換えれば、幼児から高齢者までが何時も安心して蛇口の水を飲み続けることができるためには今何をすれば良いのか、行政の対応はもちろんですが、国民一人ひとりが自らの暮らし方を根本から見直し「必要以上の化学物質は使わない」「できるだけゴミを出さない生活をする」つまり全国民が常に「もったいない」と言うことを意識して毎日の生活を送るという些細なことが一番求められているのかも知れません。

　一人ひとりの力は小さくても、それが結集されれば一つの大きな流れを生み出し、時代を、そして地球全体を動かすエネルギーを造り出していくことは、このグローバル化の時代に決して不可能なことではないはずですし、現在の21世紀を生きる私たち人類は、子供、次の世代、また次の世代の子供たちに、美しく豊かな郷土、祖国、そして地球を残すために、一つの大きな、そして重要な選択を迫られているのではないかと思います。そして同時に、今誰もがその日が来ることを待ち望んでいるのではないでしょうか。

　以上ここでは環境問題の主役である「水」を対象にして汚染の現状と対策について述べてきましたが、時代の進展に振り回されて対応しきれない状況が浮き彫りになっていると言えるかも知れませんので、授業ではその

現状を軽く紹介する程度に留め、環境問題に関する討論の機会を持つなり
レポートを課するなど発展的学習の課題として、取り上げる場を作り、こ
の深刻な状況下に置かれている水質汚染の問題について自分たちは何がで
きるのか「環境ガイダンス教育」の立場で、検討し合わなければならない
時代が来ていることをお互いに認識し合うことが大切だと思います。

引用文献　及び　参考資料		
ゲルト・プフィツェンマイヤー ブリギッテ・シュメルツァ共著 今泉みね子訳	地球環境を壊さない生活法50	主婦の友社
上野景平著	地球にやさしい暮らし方	講談社
ジョナサン・ポーリット著 筑紫哲也監修・訳	地球は救える・ 環境保護へのシナリオ	小学館
青山貞一著	ダイオキシン汚染 迫りくる健康への脅威	法研
ジョン・シーモア ハーバード・ジラード共著 霜田栄作監修・訳	地球にやさしい生活術	TBSブリタニカ
真柄泰基著	飲み水が危ない	角川書店
竹内一豊著	飲み水が危ない	徳間書店
環境庁編	環境白書	大蔵省印刷局
レスターR・ブラウン編著 本田幸雄監・訳	地球白書	福武書店
神岡浪子著	日本の公害史	世界書院
ＮＨＫ取材班著	ＮＨＫ地球汚染 ①大気に異変が起きている	日本放送出版協会
津田松苗著	汚水生物学	北隆館
津田松苗著	水生昆虫学	北隆館
中島文夫著	水の生物学的試験法解説	績文堂出版
篠原尚文 太田次郎編	先生と生徒のための新しい生 物実験（別冊,科学の実験）	共立出版

あとがき

　54 年間の教員生活は楽しいながらも波乱に満ちた人生でしたが、私が
まだ教材研究に熱中していた若い時代に、或る先輩から『教師は「教え子」
の数よりも「育て子」の数が大事なんだよ』と言われた一言が強く印象に
残り続けていました。そして 40 歳を過ぎてから学校現場に戻り「教え子」
を卒業生として送り出すようになった時に、忘れかけていたこの言葉を折
に触れて思い出すようになりましたが、現実の問題として『「教え子」の
数はすぐ計算できるが「育て子」の数はどうすれば分かるのだろうか』と
いう疑問がずっと頭に残り続けていました。確かに、スポーツや芸術の分
野では「育て子」の事例はたくさん知られていますが、一般の学校教育で
の教師と生徒の間では卒業生から直接連絡でも受けない限り考えられない
問題であり、卒業後自力で独自の道を切り開き実社会で活躍している教え
子の中で、その卒業生が在校中に自分が教師として少しでも力になり得る
ような指導をしたかどうか、そして特に進路の選択等で深い係わりが有っ
たかどうか卒業生本人にしか分からない問題ではないかと思うようになっ
てきました。ただ「育て子問題」とも多少関係があるかもしれませんが、
その頃から日頃の授業についても「ヒトの生き方」や「社会問題と係わり
の有る事象」に関しては、ただ単に現象や結果の解説だけでなくさらに一
歩踏み込んだ話題にも触れ、生徒が社会人として活躍するようになった時
に役立つ発展的内容まで含めた指導を心掛け、将来の「育て子」を生み出
す陰の力になりそうな話題が有れば積極的に取り上げる努力を続けるよう
になってきました。そしてこのような将来一人の人間としての生き方に係
わる内容を加味した日常の授業の積み重ねこそが表題に掲げた**教科ガイダ
ンス教育の実践指導**になるのではないかと気づくようになりました。以来、
それらの記録をまとめた項目や事象は、折に触れ学校の会報等いろいろな
機会に単編として発表してきましたが、今回その内容がある程度まとまっ

たので、日頃から自分が目指してきた**プラス思考の教育理念**を総合的な立場で整理しようと思いたち本書を作成することを決心しました。原稿がまとまり、書名を決めようとした時、最初の構想通り「先生は何を教え、生徒は何を学ぶのか」と単刀直入な表題にすることも考えましたが、生徒を「将来の夢を実現させる方向に誘導するための学習指導法」とその目標達成の役割を果たす記述内容であるところから**ガイダンス教育**という表題を付け、副題は「人間・環境問題を中心にして」と「一生物教師のつぶやき」の二項目にまとめることにしました。

　今回原稿資料を集め始めた動機は「第2章　探究を通しての生物教育」で取り上げた内容が主でしたが、生物分野では結果ばかりでなく得られたデータの解釈が重要であることに気付き、自分の生活からヒトへ、そして人類の問題へと対象が自然に広がり、同時に「生物」と言う科目は「生き物」を通して人類の世界まで学ぶ教科であり、人類について学ぶことはグローバルな世界を、そして地球から宇宙へとつながっていくわけですから、大自然を相手に生きてきた一生物教師として人類から環境へと自然に焦点が広がっていくことになってしまいました。

　結局この**ガイダンス教育**では、現在一番話題性に富む「自然科学の概要」を導入として取り上げ、「人間に関する問題とそれに関係する実験、観察」及び「環境問題」の3点に焦点を絞って日頃考えていたことをまとめたものですが、「人間の生活」や「環境保全」の分野はあまりにも対象が大きすぎて個人の力ではどうにもならない問題であることを痛感させられました。しかしそれは当然予想されたことで、だからこそここで取り上げた内容が、これからの教育界を背負って立つ若手教員や教職を志望する方々ばかりでなく、いろいろな分野で教育活動に携わっておられる方の「話し合い」や「講和」さらには「研究、発展のガイダンス教育」等に少しでも役に立つことができれば十分に役割は果たせたものと考えています。

　いずれにしても、教育界の特定の分野の方々を対象にした大変偏った内容になってしまいましたが、できるだけ多くの方にも読んでいただけるよ

あとがき

うに、なるべく日常生活に関連した内容を取り上げ、論述の幅を広げるように精一杯努力しましたので、専門外の方々にもぜひ一読していただければと思っています。なお理科に限らずどの教科や科目でも、同じような視点や観点で見つめ直すと、同様な意味での課題は山積していると思いますので、それを教育の場でいかに活用するか、それが教育者の腕の見せ所であり「育て子」を育生するキーポイントにもなると思います。その意味でも本書が、少しでも教育力向上の「ガイダンス」的役割を果たすことができれば最高の幸せと思っていますので、ご愛読の上、忌憚のないご意見、ご批判をお願いいたします。

　最後になりましたが、本書の上梓に当たり出版社である悠光堂と、編集から割付までいっさいの仕事を進めてくださった制作担当の三坂輝様に心から感謝申し上げます。

日光・杉並木（自然林を凌ぐ美しい人工林）

著者

篠原 尚文（しのはら・なおふみ）

1931 年（昭和 6 年）栃木県壬生町で生まれる。1952 年（昭和 27 年）東京高等師範学校を卒業し、墨田区立墨田中学校に奉職、1954 年（昭和 29 年）より栃木県立栃木高校、栃木女子高校勤務、1962 年（昭和 37 年）より 1973 年（昭和 48 年）まで 12 年間栃木県理科教育センター、県教育研修センターに勤務。1966 年（昭和 41 年）全米科学財団（NSF）の要請でコロラド州立大学に留学。1966 ～ 1970 年（昭和 41 ～ 45 年）NHK 高校通信講座「高等学校・生物」を担当。1971 年（昭和 46 年）より 1979 年（昭和 54 年）まで、文部省理科教育現代化講座指導資料、指導要領（高等学校・理科）、解説書、指導書作成の各協力者として学習指導要領関係の仕事を担当。1972 年（昭和 47 年）東レ理科教育賞受賞、1978 年（昭和 53 年）読売教育賞受賞。1974 年（昭和 49 年）石橋高校、1976 年（昭和 51 年）宇都宮高校に異動、同校教頭を経て 1988 年（昭和 63 年）栃木南高校校長、1991 年（平成 3 年）定年退職、1991 ～ 2000 年（平成 12 年）まで宇都宮北高校、石橋高校講師、2005 年（平成 17 年）帝京大学理工学部・非常勤講師、2010 年（平成 22 年）退職。2014 年（平成 26 年）悠光堂より「教育の原点」を自費出版。趣味は花を求めての山歩き、野菜作り、絵画（21 美術教会・理事）、書道、囲碁など。

「ガイダンス教育」を考える

2017 年 4 月 1 日　　初版第一刷発行

著　者	篠原　尚文
発行人	佐藤　裕介
発行所	株式会社 悠光堂

〒 104-0045 東京都中央区築地 6-4-5
シティスクエア築地 1103
電話　03-6264-0523　FAX　03-6264-0524
http://youkoodoo.co.jp/

制　作	三坂輝プロダクション
装　丁	ash design
印刷・製本	株式会社シナノ

Naofumi Shinohara ©2017　ISBN978-4-906873-83-8　C3037

無断複製複写を禁じます。定価はカバーに表示してあります。
乱丁本・落丁本はお取替えいたします。